Helmut Allischewski

Tafeln zur Fachbibliographie

TAFELN ZUR FACHBIBLIOGRAPHIE

Mit einem Register zur
analytischen Inhaltserschließung
der Verzeichnisse

von

Helmut Allischewski

Durchgesehener Nachdruck

WIESBADEN 1984

DR. LUDWIG REICHERT VERLAG

CIP-Kurztitelaufnahme der Deutschen Bibliothek

Allischewski, Helmut:
Tafeln zur Fachbibliographie : mit e. Reg. zur analyt. Inhaltserschließung d. Verz. / von Helmut Allischewski. — 2. Aufl., durchges. Nachdr. — Wiesbaden : Reichert, 1984.
    ISBN 3-88226-224-9

NE: HST

©1983 Dr. Ludwig Reichert Verlag Wiesbaden
Gesamtherstellung: Hubert & Co., Göttingen

*Den Kolleginnen und Kollegen
in der*

Altbestandskatalogisierung

*gewidmet,
die mir die Lehrtätigkeit
durch Verständnis
und gute Zusammenarbeit
erleichtert haben.*

Als Stoffgliederung und Arbeitsunterlage für meine Lehrveranstaltungen zur Fachbibliographie habe ich seit dem Sommersemester 1982 die folgenden Tafeln ausgearbeitet und lege sie hiermit als Material für die bibliothekarische Ausbildung
in überarbeiteter Form gedruckt vor. Dieses Material bedarf der Entfaltung und
Interpretation in Lehrveranstaltungen oder durch intensives Selbststudium, in
jedem Falle aber praktischer bibliographischer Übungen zum Kennenlernen der Verzeichnisse.

Der gedruckten Ausgabe habe ich ein Register zur analytischen Inhaltserschließung
der Verzeichnisse angefügt, um die interdisziplinären Zusammenhänge zu erschlies-
sen und zum schnellen und vollständigen Ausschöpfen der bibliographischen Quellen
anzuregen.

Die Anwendung der tabellarischen Darstellung auf Fachbibliographien wie auch die
analytische Inhaltserschließung der Verzeichnisse stellen in der deutschsprachigen
Fachliteratur, soweit ich sehe, einen neuen methodischen Ansatz dar, den sehr komplexen Stoff für die Vermittlung in der Ausbildung und für die Benutzung in der
praktischen Arbeit aufzubereiten. Bei dieser Sachlage kann vernünftigerweise nie-
mand erwarten, auf Anhieb das Optimum zu treffen. Wenn sich die Tafeln und das
Register zunächst einmal als Versuch in die richtige Richtung erweisen sollten,
hätte dieses Heft seine Aufgabe bereits erfüllt.

Für die Auswahl der Verzeichnisse und ihre inhaltliche Analyse konnte ich die
hervorragend ausgestattete bibliographische Handbibliothek der Staatsbibliothek
Preußischer Kulturbesitz, Berlin, benutzen und - bis auf seltene Ausnahmen -
alle in Betracht zu ziehenden Verzeichnisse selbst zur Hand nehmen. Diese Möglich-
keit des direkten Vergleichs der Verzeichnisse untereinander hat die Entscheidungen
über Umfang und Zusammensetzung der Auswahl nicht nur erleichtert, sondern auch
nachhaltig beeinflußt, sodaß ich einige Verzeichnisse aufgenommen habe, die ver-
ständlicherweise nicht in allen Bibliotheken zur Verfügung stehen können.

Den Studierenden danke ich für kritische Hinweise, die sich aus der Benutzung der
Tafeln ergaben. Mit den Kollegen Lothar Brödner und Dr. Hinrich Dierks habe ich
auch diesmal wieder viele offene Fragen besprechen können. Da der Druck recht-
zeitig zum Beginn des Sommersemesters 1983 vorliegen soll, konnten gewisse kleine
Inkonsequenzen in den Tafeln nicht mehr bereinigt werden, für die ich den Leser
und Benutzer des Heftes daher um Nachsicht bitten muß. Durch die Registergestaltung
ist dafür gesorgt, daß die Erschließung der Verzeichnisse dadurch nicht beeinträch-
tigt wird.

Herrn Dr.Reichert danke ich sehr, daß er auch diese in mancher Hinsicht noch
unfertige Arbeit in seine Obhut genommen hat.

Berlin, Februar 1983   H.A.

Für den Nachdruck wurde ein neues Verzeichnis (BBB) in die Tafel A aufgenommen, allerdings ohne entsprechende Ergänzungen in den Registern. 18 sachli-
che Fehler und Lücken konnten verbessert bzw. geschlossen, 13 Schreibfehler
konnten berichtigt werden.

Berlin, Juni 1984   H.A.

Inhalt

E 2   The year's work in modern language studies.

E 3   Gipper / Schwarz: Bibliographisches Handbuch zur Sprachinhaltsforschung.

E 4   Bibliographie linguistique.

E 5   **LLBA.** - Language and language behavior abstracts.

E 6   **BLL.** - Bibliographie linguistischer Literatur.

E 7   Zaunmüller: Bibliographisches Handbuch der Sprachwörterbücher.

E 8   Fachwörterbücher und Lexika.

E 9   Baldensperger / Friedrich: Bibliography of comparative literature.

E 10   Eppelsheimer: Handbuch der Weltliteratur.

E 11   Kindler's Literatur Lexikon.

E 12   Wilpert: Lexikon der Weltliteratur.

E 13   Zoozmann: Zitatenschatz der Weltliteratur.

Tafel F : Altertum

F 1   Engelmann / Preuß: Bibliotheca scriptorum classicorum.

F 2   Klußmann: Bibliotheca scriptorum classicorum et Graecorum et Latinorum.

F 3   Lambrino: Bibliographie de l'antiquité classique.

F 4   Marouzeau: Dix années de bibliographie classique.

F 5   L'année philologique.

F 6   Bibliotheca philologica classica.

F 7   Fock: Catalogus dissertationum philologicarum classicarum.

F 8   Rounds: Articles on antiquity in festschriften.

F 9   Bibliographie zur antiken Bildersprache.

F 10   DAI / Rom. Kataloge der Bibliothek des Deutschen Archäologischen Instituts Rom.

F 11   RE (Pauly/Wissowa). - Paulys Realencyclopädie der classischen Altertumswissenschaft.

F 12   Lexikon der Alten Welt.

F 13   Enciclopedia dell'arte antica.

F 14   Reallexikon für Antike und Christentum.

Tafel G : Germanistik, Deutsch, Englisch

G 1   Germanistik.

G 2   Goedeke: Grundriß zur Geschichte der deutschen Dichtung.

G 3   Kosch: Deutsches Literatur-Lexikon.

G 4   Merker / Stammler: Reallexikon der deutschen Literaturgeschichte.

G 5   Jahresberichte für neuere deutsche Literaturgeschichte.

G 6   Bibliographie der deutschen Sprach- u. Literaturwissenschaft. Hrsg.: Eppelsheimer / Köttelwesch.

G 7   Bibliographisches Handbuch der deutschen Literaturwissenschaft. Hrsg.: Köttelwesch.

G 8   IGB. - Internationale germanistische Bibliographie.

G 9   Kennedy: Bibliography of writings on the English language.

G 10   CBEL. - Cambridge bibliography of English literature.

G 11   Annual bibliography of English language and literature.

G 12   AES. - Abstracts of English studies.

G 13   Literary writings in America.

G 14   Leary: Articles on American literature.

Tafel H : Romanistik

H 1   Romanische Bibliographie.

H 2   Bossuat: Manuel bibliographique de la littérature française du moyen âge.

H 3   Cioranescu: Bibliographie de la littérature française.

H 4   Thieme: Bibliographie de la littérature française de 1800 à 1930.

H 5   Talvart / Place: Bibliographie des auteurs modernes de langue française.

H 6   French VII/XX bibliography.

H 7   Cabeen: Critical bibliography of French literature.

H 8   Bibliographie der französischen Literaturwissenschaft. Hrsg.: Klapp.

H 9   Soptrajanov: Bibliographie analytique de la linguistique.

H 10   BALF. - Bulletin analytique de linguistique française.

H 11   Hall: Bibliografia della linguistica italiana.

H 12   Prezzolini: Repertorio bibliografico della storia e della critica della letteratura italiana.

H 13   Dizionario critico della letteratura italiana.

H 14   BLH (Simón Díaz). - Bibliografia de literatura hispánica.

Tafel K : Kunst, Musik, Theater, Film

K 1   Thieme / Becker / Vollmer: Allgemeines Lexikon der bildenden Künstler von der Antike bis zur Gegenwart.

K 2   Library catalog of the Metropolitan Museum of Art.

K 3   Archäologische Bibliographie.

K 4   Répertoire d'art et d'archéologie.

K 5   Art index.

K 6   Hofmeister: Handbuch der musikalischen Literatur.

K 7   MGG. - Musik in Geschichte und Gegenwart.

K 8   Bibliographie des Musikschrifttums.

K 9   RILM. - Répertoire internationale de la littérature musicale.

K 10   Kosch: Deutsches Theater-Lexikon.

K 11   Enciclopedia dello spettacolo.

K 12   Filmlexicon degli autori e delle opere.

K 13   New York Public Library. Catalog of the Theatre and Drama Collections.

K 14   Theaterwissenschaftlicher Informationsdienst.

K 15   Film literature index.

Tafel L : Geschichte

L 1   International bibliography of historical sciences.

L 2   Paetow / Boyce: A guide to the study of medieval history.

L 3   IMB. - International medieval bibliography.

L 4   Historical abstracts.

L 5   Bibliothek für Zeitgeschichte / Weltkriegsbücherei. Kataloge.

L 6   Bibliothek für Zeitgeschichte. Jahresbibliographie.

L 7   The library catalogs of the Hoover Institution on War, Revolution and Peace.

L 8   Bibliographie zur Zeitgeschichte.

L 9   Schottenloher: Bibliographie zur deutschen Geschichte im Zeitalter der Glaubensspaltung.

L 10   Dahlmann / Waitz: Quellenkunde der deutschen Geschichte.

L 11   Jahresberichte für deutsche Geschichte.

L 12   Bibliothek des Instituts für Zeitgeschichte. Kataloge.

L 13   Keyser: Bibliographie zur Städtegeschichte Deutschlands.

L 14   Wermke: Bibliographie der Geschichte von Ost- u. Westpreußen.

L 15   Berlin-Bibliographie.

L 16   Heydt: Bibliographie der württembergischen Geschichte.

Tafel N : Gesellschaftswissenschaften

N 1   London bibliography of the social sciences.

N 2   Bibliothek des Instituts für Weltwirtschaft. Kataloge.

N 3   Badenhoop: Bibliographie zur Organisation von Staat, Verwaltung, Wirtschaft.

N 4   U.S. Department of Health, Education, and Welfare. Kataloge.

N 5   U.S. Department of the Interior. Dictionary catalog of the Department Library.

N 6   Bibliographie der Sozialwissenschaften.

N 7   Internationale volkskundliche Bibliographie.

N 8   Population index.

N 9   International bibliography of the social sciences.

N 10   Anthropological index.

N 11   SSCI. - Social sciences citation index.

N 12   Die Frauenfrage in Deutschland. Hrsg.: Sveistrup / Zahn-Harnack.

N 13   Krichmar: The women's movement in the Seventies.

N 14   Rosenberg: Women and society.

N 15   Wolfstieg: Bibliographie der freimaurerischen Literatur.

Tafel P : Staat, Recht

P 1   Katalog der Bibliothek des Königlichen Kammergerichts in Berlin.

P 2   Dictionary catalog of the Columbia University Law Library.

P 3   Szladits: Bibliography on foreign and comparative law.

P 4   Dau: Bibliographie juristischer Festschriften und Festschriftenbeiträge.

P 5   Catalog of international law and relations.

P 6   Annual legal bibliography.

P 7   Index to foreign legal periodicals.

P 8   Planitz / Buyken: Bibliographie zur deutschen Rechtsgeschichte.

P 9   Bibliographie des deutschen Rechts in englischer und deutscher Sprache.

P 10   KJB. - Karlsruher juristische Bibliographie.

P 11   Schlegelberger / Hoche: Das Recht der Neuzeit.

P 12   Fundstellen der Bundesgesetzgebung.

P 13   Schlegelberger / Friedrich: Das Recht der Gegenwart.

P 14   NJW-Fundhefte.

P 15   Kirchner: Abkürzungsverzeichnis der Rechtssprache.

P 16   Index to legal periodicals.

Tafel Q : Politik, Wirtschaft, Gesellschaft

Q 1   Stammhammer: Bibliographie des Socialismus und Communismus.

Q 2   Bracher / Jacobsen: Bibliographie zur Politik in Theorie und Praxis.

Q 3   International political science abstracts.

Q 4   Poldok. - Politische Dokumentation.

Q 5   U.S. Department of Labor. Library catalog.

Q 6   Bibliographie des Handwerks und Gewerbes.

Q 7   International labour documentation.

Q 8   Business periodicals index.

Q 9   IBZ. - Internationaler betriebswirtschaftlicher Zeitschriftenreport.

Q 10   Bibliographie der Wirtschaftswissenschaften.

Q 11   Economic titles/abstracts.

Q 12   Stammhammer: Bibliographie der
        Social-Politik.

Q 13   Eberlein: Die Presse der Arbeiter-
        klasse und der sozialen Bewegungen.

Q 14   Alfabetische catalogus van de boeken
        en brochures van het Internationaal
        Instituut voor Sociale Geschiedenis.

Q 15   Sociological abstracts.

Tafel R :   Geographie

R 1   Research catalogue of the American
      Geographical Society.

R 2   Current geographical publications.

R 3   BGI. - Bibliographie géographique
      internationale.

R 4   Documentatio geographica.

R 5   Dokumentation zur Raumentwicklung.

R 6   Geo abstracts.

R 7   New York Public Library. Dictionary
      catalog of the Map Division.

R 8   British Museum. Catalogue of the printed
      maps, charts, and plans.

R 9   Index to maps in books and periodicals.

R 10   Bibliographie cartographique internatio-
        nale.

R 11   Geo Katalog.

R 12   Bibliographia cartographica.

R 13   Orbis latinus.

R 14   Lippincott. - The Columbia Lippincott
        gazetteer of the World.

R 15   Müller: Ortsbuch. - Müllers großes
        deutsches Ortsbuch.

Tafel T :   Naturwissenschaften

T 1   Indices naturwissenschaftlich-medizi-
      nischer Periodika bis 1850.

T 2   Catalogue of scientific papers.

T 3   Poggendorf: Biographisch-literarisches
      Handwörterbuch zur Geschichte der
      exacten Wissenschaften.

T 4   John Crerar Library. Kataloge.

T 5   Isis. - Isis cumulative bibliography.

T 6   GRA / GRI. - Government reports.
      Announcements and index.

T 7   SCI. - Science citation index.

T 8   Interdok. SEMT: Science, engineering,
      medicine, technology.

T 9   DAI. - Dissertation abstracts inter-
      national. B: The sciences and
      engineering.

T 10   Conference papers index.

T 11   ISTP. - Index to scientific and
        technical proceedings.

T 12   Science abstracts. A.B.C.

T 13   Bulletin signalétique.

T 14   Referativnyj Žurnal.

Tafel U :   Mathematik, Astronomie, Physik

U 1   Zentralblatt für Mathematik und ihre
      Grenzgebiete.

U 2   Mathematical reviews.

U 3   Cybernetics abstracts.

U 4   Houzeau / Lancaster: Bibliographie
      générale de l'astronomie jusqu'en
      1880.

U 5   AJB. - Astronomischer Jahresbericht.

U 6   Physics abstracts.

U 7   pb. - Physikalische Berichte.

U 8   NSA. - Nuclear science abstracts.

U 9   INIS-Atomindex.

U 10   Science research abstracts.

Tafel V :   Chemie

V 1   Fuchs: Repertorium der chemischen
      Litteratur von 494 vor Christi Geburt
      bis 1806.

V 2   Bolton: A select bibliography of
      chemistry. 1492-1892.

V 3   Chemisches Zentralblatt.

V 4   CA. - Chemical abstracts.

V 5   Römpp: Chemie-Lexikon.

V 6   Gmelin: Handbuch der anorganischen
      Chemie.

V 7   Beilstein: Handbuch der organischen
      Chemie.

V 8   Nutrition abstracts and reviews.

Tafel W :   Geo-Wissenschaften

W 1   Catalog of the U.S. Geological Survey
      Library.

W 2   ZGP. - Zentralblatt für Geologie und
      Paläontologie.

W 3   Geo abstracts.

W 4   Bibliography and index of geology.

W 5   Bulletin signalétique. Reihe 220:
      Minéralogie, géochimie, géologie
      extraterrestre.

W 6   Oceanic abstracts.

W 7   Meteorological and geoastrophysical
      abstracts.

W 8   Pollution abstracts.

Tafel X :   Bio-Wissenschaften

X 1   Biologie-Dokumentation.

X 2   BA. - Biological abstracts.

X 3   Zoological record.

X 4   Microbiology abstracts.

X 5   Virology abstracts.

X 6   Genetic abstracts.

X 7   Dictionary catalog of the National
      Agricultural Library.

Einleitung

1. Zwecksetzung

Die hier vorgelegten "Tafeln zur Fachbibliographie" sollen in erster Linie als Arbeitsmaterial für das bibliothekarische Fachstudium dienen; vielleicht können sie sich auch als Hilfsmittel in der bibliographischen Auskunftserteilung als nützlich erweisen. Da im vorgesehenen Umfang der Veröffentlichung ein vermittelnder lehrbuchartiger Text nicht unterzubringen war, sind die "Tafeln" auf eine kursorische Behandlung in Lehrveranstaltungen angewiesen.

Zur Auswahl der Verzeichnisse, zur Art der Darstellung und zur Erschließung im Register müssen einige Bemerkungen vorausgeschickt werden, um deutlich zu machen, welche Ansprüche die Tafeln und das Register stellen - und hoffentlich auch erfüllen werden - und was man von ihnen nicht erwarten darf.

2. Auswahl der Verzeichnisse

Die Auswahl für eine Liste von Fachbibliographien zu Studienzwecken im Rahmen der bibliothekarischen Ausbildung wird von mehreren, sehr unterschiedlichen Erwägungen bestimmt. Sie enthält viele Elemente von Subjektivität, über die - da sie nun einmal nicht zu vermeiden sind - im folgenden wenigstens Rechenschaft gegeben werden soll. Die Darlegung der Gründe ändert jedoch nichts daran, daß eine solche Auswahl wohl in allen Punkten mit guten Gründen völlig kontrovers betrachtet werden wird, hinsichtlich
- der Gesamtzahl der Verzeichnisse,
- der Anzahl und Auswahl der berücksichtigten Fächer,
- des Anteils jedes einzelnen Faches an der Gesamtzahl der Verzeichnisse,
- der Zuordnung der Verzeichnisse zu den Fächern,
- der Verzeichnisauswahl für das einzelne Fach,
- des Umfangs der Beschreibung der Verzeichnisse und hinsichtlich
- der Gliederung dieser Beschreibung.

Die Summierung aller dieser Ermessensentscheidungen führt zwangsläufig zu stark individuell geprägten Ergebnissen.

2.1 Anforderungen der bibliographischen Arbeit

Der Bibliothekar in der Universalbibliothek muß auch künftig auf der ganzen Breite aller Wissenschaftsfächer bibliographische Ermittlungen durchführen können, ob im Rahmen der verwaltungsinternen Arbeit oder auf dem Auskunftsplatz im direkten Gespräch mit dem Benutzer. Um unter diesem hohen Anspruch erfolgreiche Arbeit leisten zu können, die Befriedigung und Ansporn gibt, braucht der Bibliothekar seit jeher eine entsprechend breite bibliographische Allgemeinbildung. Über Spezialkenntnisse, auf die er sich vielleicht gern zurückziehen möchte, darf er zusätzlich verfügen: durch sie wird er besondere Erfolgserlebnisse finden. Allerdings können, wegen der Breite der Anforderungen, irgendwelche Spezialkenntnisse die Allgemeinbildung keinesfalls ersetzen.

2.2 Bibliographische Allgemeinbildung

Die vorliegende Auswahl ist allein auf die bibliographische Allgemeinbildung abgestellt. Der Spezialist und Fachmann darf daher für sein eigenes Fachgebiet nichts Besonderes erwarten. Er wird nur die Handvoll großer Standardwerke finden, die nun aber auch jeder Nicht-Fachmann kennen muß, wenn er wenigstens Dreiviertel (und hoffentlich auch mehr) aller bibliographischen Anfragen in einer Universalbibliothek selbständig bearbeiten will.

Der Fachmann sollte angesichts der hier getroffenen und notwendigerweise als äußerst eng empfundenen Auswahl die Ansprüche dieser Fachbibliographienliste an den Bibliothekar als N i c h t - F a c h m a n n nicht unterschätzen. Objektiv gesehen kann auch diese enge Auswahl, wenn ihre Möglichkeiten voll ausgeschöpft werden, viel leisten: denn wie in verhältnismäßig wenigen, aber wichtigen Zeitschriften eines Fachgebiets bekanntlich der größte Teil aller g e s u c h t e n Aufsätze erscheint, so drängt sich in der bibliographischen Arbeit der Eindruck auf, daß ein hoher Prozentsatz aller bibliographischen Fragestellungen durch Nachschlagen in verhältnismäßig wenigen, aber zentralen Verzeichnissen ermittelt werden kann. Die folgenden "Tafeln" sind der Versuch, mit ca. 270 Verzeichnissen aus weit mehr als Zehntausend eine kleine Auswahl als möglichst gute Ermittlungsgrundlage anzubieten.

2.3 Der Nicht-Fachmann als Benutzer von Fachbibliographien

Die besondere Problematik, wie denn der Nicht-Fachmann mit z.T. höchst spezialisierten Quellen eigentlich umgehen muß, um bibliographisch erfolgreich arbeiten zu können, ist in der bibliothekarischen Fachliteratur bisher nicht grundsätzlich angeschnitten worden. Hier sollte natürlich das Fach Wissenschaftskunde Hilfestellung leisten. Dennoch arbeitet die fachbibliographische Unterweisung und Ausbildung weitgehend mit der noblen Unterstellung, daß auch die Nicht-Fachleute sich irgendwie zurechtfinden werden. Spätestens aber bei Verzeichnissen wie dem Zoological record (X 3) erweist sich diese Unterstellung als unrealistisch; es gibt nämlich insbesondere auf naturwissenschaftlichen Gebieten bibliographische Verzeichnisse, die sich durch Nomenklatur und Ordnungsgesichtspunkte für Benutzer mit gewöhnlich geistes- oder gesellschaftswissenschaftlich orientierter Allgemeinbildung als ziemlich unzugänglich erweisen. Nur wenige derart schwierig zu benutzende Verzeichnisse sind aufgenommen worden, um die Problematik vor Augen zu führen.

2.4 Literaturverzeichnisse und Sachauskunftsmittel

In engem Zusammenhang mit den Fachbibliographien stehen zweifellos die fachlichen Sachauskunftsmittel wie Lexika, Biographien, Handbücher, Adreßbücher usw., die deshalb auch oft zusammen mit den Fachbibliographien behandelt werden.

Um den Stoff zu begrenzen, beschränken die "Tafeln" jedoch die Auswahl auf direkt bibliographische Verzeichnisse, die also selbst Literaturangaben enthalten. Im Sinne der Stoffbegrenzung sind auch die Bibliographien der Fachbibliographien und die bibliographischen Einführungen in das Fachgebiet nicht aufgenommen worden.

2.5 Abgrenzung zwischen Fachbibliographien und Allgemeinbibliographien

Viele Verzeichnisse erfassen mehrere oder sogar zahlreiche Fachgebiete und werden deshalb manchmal schon den Allgemeinbibliographien zugerechnet, obwohl sie strenggenommen thematisch nicht wirklich universal sind. Manche Verzeichnisse, von denen jedes einzelne eine Fachbibliographie darstellt, erscheinen als Gruppe unter einem übergeordneten Gesamttitel (Beispiel: Bulletin signalétique), sodaß die Verzeichnisgruppe als thematisch umfassende Allgemeinbibliographie, die einzelnen Verzeichnisse aber als Fachbibliographien eingeordnet werden können.

Derartige Abgrenzungsfragen waren hier nicht bibliographietheoretisch, sondern praktisch zu beantworten. Alle Verzeichnisse, die aufgrund ihres Inhalts in fachbibliographische Überlegungen zur Recherche einbezogen werden können, sind deshalb auch grundsätzlich für die "Tafeln" in Frage gekommen.

Ein anderes Zuordnungsproblem ist kaum befriedigend zu lösen. Es handelt sich um Verzeichnisse, die das Kriterium einer S c h r i f t e n k l a s s e (z.B.: Zeitschriften, Zeitschriftenaufsätze, Kongresse, Kongreßschriftenbeiträge, Festschriften, Festschriftenbeiträge, Dissertationen) mit dem Kriterium eines F a c h g e b i e t s verknüpfen.

Man kann sie nach der Schriftenklasse bei den allgemeinen Spezialbibliographien zusammen-
fassen, aber auch nach dem Fachgebiet den Fachbibliographien zuordnen. In die "Tafeln"
sind derartige Verzeichnisse ungefähr nach folgenden Grundsätzen aufgenommen worden:
- Verzeichnisse für Zeitschriften und Festschriften wurden nicht aufgenommen,
- Verzeichnisse für Dissertationen nur in seltenen Fällen,
- Verzeichnisse für Kongreßschriften und solche für alles bibliographisch
  Unselbständige (Zeitschriftenaufsätze, Festschriftenbeiträge usw.)
  wurden bevorzugt aufgenommen.

2.6 Der Stellenwert von Fachbibliographien in der Recherche

Die Auswahl hängt natürlich in mancher Hinsicht auch davon ab, welchen Stellenwert die
Fachbibliographien in der Recherchearbeit haben. Es stellt sich die Frage: Wann eigentlich
werden - im Verlauf der Recherche - die Fachbibliographien herangezogen, und welche
Ermittlungsprobleme hofft man durch sie lösen zu können ? Die Frage hat einen bibliographisch-
fachlichen Kern, aber auch schon einen arbeitspsychologischen Aspekt, den man nicht unterschätzen sollte.

Grundsätzlich darf man wohl annehmen, daß die meisten Recherchen zunächst einmal an Allgemeinbibliographien begonnen und ein großer Teil der Recherchen auch positiv erledigt werden.
Da der Bibliothekar die Allgemeinbibliographien häufig und erfolgreich benutzt, lernt er
sie immer besser kennen: ein durch Rückkoppelung sich ständig selbst verstärkender Effekt.
Während man mit den Allgemeinbibliographien auf vertrautem Fuß steht, hat man zu den Fachbibliographien ein etwas distanzierteres Verhältnis: wegen der viel größeren Anzahl von
Verzeichnissen kennt man die Fachbibliographien viel weniger gut, man benutzt sie seltener
und kennt sie daher auch mit fortschreitender Zeit immer weniger gut, zumal wenn man über
die wichtigen Neuerscheinungen oder Neuerwerbungen im eigenen bibliographischen Apparat
nicht ständig informiert wird. Auch hier ein sich ständig selbst verstärkender Effekt, wenn
man ihm nicht bewußt entgegenarbeitet.

Wenn diese Annahmen zutreffen, dann wären daraus einige Schlußfolgerungen für eine Auswahl
von Fachbibliographien zu ziehen, nach dem Grundsatz: Die Auswahl der Fachbibliographien
sollte so getroffen werden, daß man mit ihrer Hilfe besonders solche Recherchefälle lösen
kann, die auch bei weitgehendem Ausschöpfen der Allgemeinbibliographien nicht positiv
erledigt werden können.

Die damit gekennzeichnete Ergänzungsfunktion der Fachbibliographien muß nun näher bestimmt
werden, und zwar durch die Schwachstellen der Allgemeinbibliographien. Diese bereiten oft
Schwierigkeiten bei Ermittlungsfällen,
  (1) die auf bibliographisch Unselbständiges abzielen,
  (2) die für bibliographisch Selbständiges eine Sacherschließung erfordern, dies besonders
      für die ältere Literatur, und
  (3) die sehr spezielles und oft ausgeklammertes Titelmaterial suchen, wie z.B. Flug-
      schriften, Untergrundliteratur, Reports, Kongreßberichte, Amtsdruckschriften,
      Karten, Musikalien usw.
Ins Positive gewendet, wären demnach besonders solche Fachbibliographien auszuwählen, die
  (1) Unselbständiges erschließen, (2) eine Sacherschließung auch für Älteres bieten oder
  (3) besondere Schriftenklassen verzeichnen.
Nach diesen Grundsätzen ist die Auswahl für die "Tafeln" getroffen worden. An der Erfüllung
dieser Ansprüche in der Praxis sollte die Auswahl daher auch gemessen werden.

2.7 Verfügbarkeit der Verzeichnisse

Selbstverständlich ist die Auswahl am Besten orientiert, was ein Fachgebiet an gedruckten
bibliographischen Quellen überhaupt bietet: daher bleiben Online-Dienste von Datenbanken
völlig außer Betracht. Da nicht jede Bibliothek alle in die Tafeln aufgenommenen

Verzeichnisse besitzen wird, muß der Benutzer dieser Tafeln für seinen Arbeitsbereich eventuell gewisse Abstriche machen, kann aber natürlich auch andere vorhandene Verzeichnisse hinzuergänzen. Schon aus diesem Grund können die Tafeln überhaupt nur ein A n g e b o t darstellen, dessen sich jeder Benutzer nach Interessenlage und Möglichkeiten bedienen soll.

2.8 Thematischer Umfang der Auswahl

Um den Anforderungen der bibliographischen Arbeit in einer Universalbibliothek wirklich zu genügen, müßten s ä m t l i c h e Fachgebiete ohne Ausnahme berücksichtigt werden. Diese Konzeption würde jedoch bei einem festgelegten Gesamtumfang von rund 270 Verzeichnissen nur zu einer völlig unbefriedigenden Zersplitterung führen. Für die Auswahl in den "Tafeln" sind daher mehrere Fachgebiete n i c h t   mit eigenen Verzeichnissen berücksichtigt worden, wie z.B.:

- mehrere romanische Philologien   - asiatische Sprachen und Kulturen
- mehrere germanische Philologien   - afrikanische Sprachen und Kulturen
- die slavischen Philologien,   - historische Hilfswissenschaften
- die finnisch-ugrischen Philologien   - Ur- und Frühgeschichte
- die Orientalistik   - Geschichte einzelner Länder (außer Deutschland)

Das Register kann allerdings Auskunft geben, ob diese Fachgebiete eventuell in umfassenderen Verzeichnissen mitberücksichtigt worden sind.

Eine besondere Gruppe stellen die r e g i o n a l o r i e n t i e r t e n Verzeichnisse dar. Hier wurde nach der Erfassungsebene unterschieden:

- auf i n t e r n a t i o n a l e r Ebene erfassende Verzeichnisse für Ländergruppen, Sprachkreise, Kulturkreise oder Kontinente wurden nicht aufgenommen, da sie wegen ihrer gewöhnlich sehr umfassenden Konzeption besser den Allgemeinbibliographien zugeordnet werden sollten;
- auf n a t i o n a l e r Ebene und darunter (Landesteile, Provinzen, Städte) erfassende Verzeichnisse sind gewöhnlich stark historisch orientiert und wurden deshalb als Quellen zur Geschichte und Landeskunde zum Fach Geschichte gestellt, aber nur mit wenigen Beispielen für Deutschland berücksichtigt.

3.   Darstellung des Stoffes

Der Grundgedanke ist, daß die Fachbibliographien aller Fächer für die Zwecke der praktischen bibliographischen Arbeit als E i n h e i t   gesehen werden müssen; dasselbe gilt für jede Auswahl von Fachbibliographien für alle (oder jedenfalls die meisten) Fächer, wie sie auch hier vorgelegt wird. Die Verzeichnisse bilden e i n e n Apparat, dessen einzelne Bestandteile untereinander in vielfältigen Beziehungen stehen. Wird die Einheit des Apparats nicht gesehen oder nicht beachtet, so sind die Beziehungen zwischen den Verzeichnissen nicht darstellbar und kommen in der praktischen Arbeit nicht zur Wirkung. Dieser Gesichtspunkt ist bisher von allen bibliographischen Handbüchern im deutschen Sprachkreis vernachlässigt worden. Hier liegt der kritische Ansatz für die Suche nach neuen methodischen Lösungen, wie die Fachbibliographien als Gesamtheit zu gliedern und wie die Verzeichnisse eines Fachgebietes darzustellen sind.

Die Einheit des bibliographischen Apparats bedeutet, daß er in seiner Gesamtheit thematisch universal oder annähernd universal ist: als solcher wird er auch in die Überlegungen zur Recherche einbezogen. Die vielfältigen Beziehungen zwischen den Verzeichnissen bestehen in erster Linie darin, daß sie sich i n h a l t l i c h
    (a) decken   oder (b) überschneiden   oder   (c) sich genau ergänzen ;
weil jede Fachbibliographie ihren Inhalt nach eigenen Vorstellungen definiert und abgrenzt, indem sie ein oder mehrere Fachgebiete wählt, deren Teilgebiete nach eigenem Ermessen einbezieht oder ausklammert, gewinnen die meisten Verzeichnisse einen i n t e r d i s z i - p l i n ä r e n   Charakter und die Fachbibliographien in ihrer Gesamtheit bieten ein höchst komplexes Bild.

Die inhaltlich-thematischen Beziehungen stehen wohl in allen Recherche-Überlegungen an erster Stelle, sind jedoch für den Gang der Recherche nicht die einzigen Entscheidungskriterien, vielmehr kommen als weitere Gesichtspunkte hinzu:

- die B e r i c h t s z e i t e n der Verzeichnisse,
- die in ihnen erfaßten S c h r i f t e n k l a s s e n und
- die gebotenen E r s c h l i e ß u n g e n (Formalerschließung, Sacherschließung).

Um in den Recherche-Überlegungen möglichst schnell und sicher die für den Einzelfall richtigen Verzeichnisse auswählen zu können, müssen alle Bibliographien eines Faches als Gruppe ü b e r s c h a u b a r und in den genannten wichtigsten Kriterien d i r e k t v e r g l e i c h b a r dargestellt werden. Insgesamt muß also eine für die Recherchearbeit geeignete Darstellung der Fachbibliographien mindestens die **vier** wichtigsten Kriterien

(1) Berichtszeit   (2) Inhalt   (3) Schriftenklassen   (4) Erschließung

optimal erschließen. Mit den "Tafeln" wird versucht, dieses Ziel durch eine zweckmäßige Gliederung, die tabellarische Darstellung und eine analytische Erschließung im Register zu erreichen. Diesem Ziel werden alle anderen Gesichtspunkte und Anforderungen, die man berechtigterweise an eine Fachbibliographienliste stellen könnte, untergeordnet und gegebenenfalls geopfert; es mußte deshalb z.B. verzichtet werden auf

- genaue Interpretation der Berichtszeitangaben, insbesondere Hinweise auf Nachträge,
- genaue bibliographische Beschreibungen der Verzeichnisse,
- bei periodisch erscheinenden Verzeichnissen insbesondere auf den genauen Erscheinungsverlauf und Titelvarianten,
- ausformulierte Beschreibungen,
- nähere Angaben über Grundsätze oder Regelwerke für die Formal- und Sacherschließungen,
- kritische Einschätzungen der Verzeichnisse,
- Nachweis von Rezensionen.

Nur in Ausnahmefällen ist der eine oder andere Gesichtspunkt doch erwähnt worden; Hinweise zur Benutzung des Verzeichnisses wurden nur dort gegeben, wo sie zur erfolgreichen Recherche unerläßlich schienen.

3.1 Gliederung des Stoffes

Die Anordnung der Verzeichnisse nach Fächergruppen und Fächern folgt weitgehend der in den Handbüchern üblichen Einteilung. Hierbei wird jedoch eine Einteilung aller Wissensgebiete in die drei großen Fächergruppen der Geisteswissenschaften, Gesellschaftswissenschaften und Naturwissenschaften vorgenommen und jeder dieser drei Gruppen eine eigene Tafel für die fachübergreifenden Verzeichnisse gewidmet:

A	Buch, Bibliothek, Information	N	G e s e l l s c h a f t s w i s s .
B	G e i s t e s w i s s e n s c h a f t e n	P	Staat, Recht
		Q	Politik, Wirtschaft, Gesellschaft
C	Philosophie, Religion, Theologie	R	Geographie
D	Psychologie, Pädagogik		
E	Allg. Sprach- u. Literaturwissenschaft	T	N a t u r w i s s e n s c h a f t e n
F	Altertum		
G	Germanistik, Deutsch, Englisch	U	Mathematik, Astronomie, Physik
H	Romanistik	V	Chemie
K	Kunst, Musik, Theater, Film	W	Geo-Wissenschaften
L	Geschichte	X	Bio-Wissenschaften
		Y	Medizin, Pharmakologie, Sport
		Z	Technik

Die Ausgliederung und Voranstellung der Fachgebiete Buch, Bibliothek und Information soll ihre besondere methodische Bedeutung für das bibliothekarische Fachstudium betonen; zugleich erspart man sich dadurch die schwierige und, wie man auch entscheiden mag, sicher unbefriedigende Zuordnung dieser Fachgebiete zu einer der großen Fächergruppen.

3.1.1   Die Bedeutung der drei großen Fächergruppen

Hierzu bedarf es offensichtlich einer Begründung; denn in den deutschsprachigen bibliographischen Handbüchern haben bisher nur die N a t u r w i s s e n s c h a f t e n
als Gesamtgebiet einen Abschnitt für die das Gesamtgebiet oder mehrere Teilgebiete umfassenden Verzeichnisse erhalten, in der angelsächsischen Fachliteratur (bei Sheehy und Walford)
immerhin auch die G e s e l l s c h a f t s w i s s e n s c h a f t e n ; in den
"Tafeln" erhalten auch die G e i s t e s w i s s e n s c h a f t e n   einen eigenen
Abschnitt für das Gesamtgebiet, aus Gründen der systematischen Folgerichtigkeit wie auch
der praktischen Erfordernisse: denn wo sollten sonst Verzeichnisse wie
- Geisteswissenschaftliche Fortschrittsberichte
- British humanities index
- Humanities index
- Arts and humanities citation index

sachgerecht untergebracht werden ?

In den Tafeln B , N und T werden also solche Verzeichnisse zusammengestellt, die mehrere
oder alle Fächer der Gruppe und somit in besonderem Maße i n t e r d i s z i p l i n ä r
erfassen. Für die Recherche sind diese drei Tafeln daher generell dann heranzuziehen, wenn
entweder (a) für ein bestimmtes Fachgebiet ein spezielles Verzeichnis nicht genannt ist
oder nicht zur Verfügung steht oder aber (b) in den angegebenen speziellen Verzeichnissen
die Recherche nicht positiv erledigt werden konnte. Die Tafeln B , N und T stellen für die
Recherche eine ständige Ergänzung und Rückgriffsmöglichkeit dar. Keine Rechercheaufgabe
sollte als ungelöst zurückgegeben werden, bevor nicht auch die Verzeichnisse in diesen
Tafeln konsultiert worden sind. Die Bedeutung der in ihnen enthaltenen Verzeichnisse steht
außer Frage: sie sind wegen ihrer fächerübergreifenden Umfänge nicht weniger einschlägig.
Auch das Register wird durch ständige Siehe-auch-Verweisungen auf diese Tafeln hinweisen.

3.1.2   Die wissenschaftssystematische Zuordnung der Fachgebiete

Es gibt verschiedene systematische Gliederungen der Wissenschaften, es gibt unterschiedliche Zuordnungen der Fächer. Für die Gliederung in den "Tafeln" wurde weder ein bestimmtes
Modell zugrundegelegt, noch wird der Anspruch erhoben, ein Modell darzustellen. Die Stoffanordnung in den "Tafeln" wurde weitgehend nach der Anzahl der ausgewählten Verzeichnisse
für ein Fach und nach dem verfügbaren Platz in den Tafeln, also nach darstellungstechnischen Gesichtspunkten entschieden. Dabei sollte die Anzahl der Tafeln möglichst niedrig
gehalten werden, denn jede Tafel mehr trägt zur Zersplitterung des Stoffes bei, die nur
durch das Register und damit nur für das Kriterium des Inhalts überwunden werden kann.

Es wäre daher abwegig, derart zustandegekommenen Anordnungen irgendwelche wissenschaftssystematischen Aussagen unterstellen zu wollen.

Welche Überlegungen bei der Gliederung eine Rolle gespielt haben, kann an einigen Beispielen
dargelegt werden: die historische Hilfswissenschaft A r c h ä o l o g i e   wird besonders
in den Fachbibliographien zum Altertum und zur Bildenden Kunst erfaßt; die P s y c h o -
a n a l y s e   hängt in den Fachbibliographien eng mit der Psychologie zusammen; die
P ä d a g o g i k   wird in den angelsächsischen Verzeichnissen oft den "social sciences"
zugeordnet, in den "Tafeln" ist ihr Zusammenhang mit der Philosophie und Psychologie stärker
betont worden, ohne den gesellschaftswissenschaftlichen Bezug leugnen zu wollen; die
V e t e r i n ä r m e d i z i n   ist nicht als Hilfswissenschaft der Landwirtschaft aufgefaßt, sondern in den Zusammenhang der Medizin und Pharmakologie gestellt worden; der
G e o g r a p h i e   ist eine eigene Tafel gewidmet worden, weil sie eine bedeutende Hilfswissenschaft für alle geistes- und gesellschaftswissenschaftlichen Fachgebiete darstellt
und mit Karten und Atlanten zwei spezifische Schriftenklassen mit besonderen bibliographi-

schen Problemen einbringt: man könnte ihrer Bedeutung und Problematik nicht gerecht werden, wenn man die Geographie etwa unter die Geo-Wissenschaften vereinnahmen wollte; die G e o - W i s s e n s c h a f t e n   sind daher für die "Tafeln" rein naturwissenschaftlich interpretiert worden. Die Einrichtung der Tafel F :   A l t e r t u m   fällt aus der Fächergliederung heraus und thematisiert eine Epoche in einer Region (Mittelmeer mit Vorderem Orient): dies erscheint zwingend geboten aufgrund der denkbar umfassendsten inhaltlichen Konzeptionen der Verzeichnisse, die gewöhnlich unter dem Fach "Klassische Philologie" angezeigt werden, in Wahrheit aber   s ä m t l i c h e   Fachgebiete erfassen, unter denen das Altertum betrachtet werden kann, von der Philosophie über Religion, Literatur, Kunst, Recht, Geographie, Geschichte bis zu Naturwissenschaften, Medizin und Technik.

3.1.3 Fachgebiete und Forschungsgegenstände

Zahlreiche Fachbibliographien orientieren sich nicht an Fachgebieten, sondern sind F o r s c h u n g s g e g e n s t ä n d e n   gewidmet, die von mehreren Disziplinen erforscht werden, z.B.: die Sonne, die Antarktis, der Pazifik, die Ozeane, die Umwelt, die Energie, die Frauenfrage, die Freimaurer. Bei der Erforschung dieser Gegenstände wird interdisziplinär zusammengearbeitet und entsprechend   i n t e r d i s z i p l i n ä r   erfassen auch die ihnen gewidmeten Verzeichnisse.

Eine befriedigende fachsystematische Zuordnung dieser Verzeichnisse ist schlechterdings nicht möglich. Ihre Erschließung unter fachsystematischen Gesichtspunkten können daher nicht die "Tafeln", sondern einigermaßen nur die mehrfachen Registereinträge leisten.

3.2 Tabellarische Darstellung

Die oben definierten Anforderungen an eine recherchebezogene Darstellung der Fachbibliographien können mit der in bibliographischen Handbüchern, Lehrbüchern und Einführungen bisher üblichen diskursiven Darstellung nicht erfüllt werden. Deshalb wurde hier die   t a b e l l a r i s c h e   F o r m   gewählt, die die entscheidenden Anforderungen erfüllt, zugleich allerdings auch zu Abstrichen in anderer Hinsicht zwingt.

Die Tabelle als Darstellungsform weist eine Reihe von Vorzügen auf:
  (1) sie führt zur   V o l l s t ä n d i g k e i t   der Gesichtspunkte, weil jede leere Position eine Antwort erzwingt, und bei der Benutzung erinnert die Tabelle ständig auch an das, was man gerade nicht sucht;
  (2) sie stellt die gleichartigen Merkmale der Verzeichnisse in Rubriken zusammen;
  (3) sie zwingt durch die starke Raumbegrenzung zu äußerster Kürze und Prägnanz der Angaben;
  (4) sie ermöglicht für eine ganze Verzeichnisgruppe den schnellstmöglichen Zugriff auf gedruckte Daten, nämlich mit "Blickgeschwindigkeit";
  (5) sie ermöglicht durch die Rubriken den direkten Vergleich unter allen wichtigen Kriterien und damit eine   - im gegebenen Rahmen -   u n v e r z ü g l i c h e   und   o p t i m a l e   Auswahl.

Damit ermöglicht die Tabelle eine schnelle, punktuelle Auskunft zu den zahlreichen Einzelfragen, die sich im Verlauf einer Recherche stellen können, z.B.:
  - Welche Verzeichnisse erfassen überhaupt Drucke des gesuchten Erscheinungszeitraums ?
  - Welche Verzeichnisse sind thematisch oder regional oder von der Sprache her einschlägig ?
  - Welche Verzeichnisse bieten zu den Titeln auch Annotationen oder Referate ?
  - Welche Verzeichnisse enthalten z.B. auch Reports oder andere spezielle Schriftenklassen ?
  - Welche Verzeichnisse erschließen auch bibliographisch Unselbständiges, insbesondere Zeitschriftenaufsätze und Festschriftenbeiträge ?
  - Welche Verzeichnisse bieten eine für die Fragestellung erforderliche Erschließung, entweder nach Formalien oder Sachgesichtspunkten ?

Die beschriebenen Vorzüge und Leistungen dieser Darstellungsform gelten jedoch nur bei der Benutzung einer einzelnen Tabelle. Die Einbeziehung weiterer Tabellen kann nur über das Register erfolgen und verlangsamt etwas die Auswahl der einschlägigen Verzeichnisse.

3.2.1   Aufbau der Tafeln

Die Beschreibung der Verzeichnisse in den "Tafeln" wurde in   1 2   R u b r i k e n eingeteilt, in denen jedoch bei Bedarf auch mehr als zwölf Gesichtspunkte untergebracht werden. Eine Erhöhung der Anzahl der Rubriken wäre eventuell wünschenswert: durchführbar wäre sie erst bei raumsparendem Maschinensatz oder anderem Format der Tabellen.

Die Rubriken sind folgendermaßen bezeichnet:

(1) BER = Berichtszeit

(2) Zitiertitel, Kurztitel

(3) Korporativer Träger

(4) Lfd. Nr innerhalb der Tafel

(5) Thema, Besonderheiten des Inhalts

(6) A/R = Annotationen, Referate

(7) GEO = geographischer Bezug auf Inhalt oder Herkunft der Schriften

(8) SPR = Sprache der verzeichneten Schriften

(9) U   = Bibliographisch Unselbständiges

(10) FE = Formalerschließung

(11) SE = Sacherschließung

(12) K   = Kumulierungen

3.2.2   Die Angaben in den Rubriken

(1)   BER

Die Berichtszeit bestimmt die Reihenfolge der Verzeichnisse innerhalb der kleinsten gebildeten Gruppe: zuerst die abgeschlossenen Verzeichnisse nach Berichtsschluß, dann die laufenden Verzeichnisse nach Berichtsbeginn.
Bei periodischen Verzeichnissen wird in den meisten Fällen der Berichtsbeginn vereinfachend mit dem Erscheinungsbeginn gleichgesetzt, wenn nicht erhebliche Differenzen festzustellen waren.
Für Bibliothekskataloge ist die Berichtszeit annähernd nach den Erscheinungszeiträumen der enthaltenen Drucke angegeben.
Insgesamt sind in dieser Kategorie also eine Reihe von U n s c h ä r f e n   stets einzukalkulieren.

(2)   Zitiertitel, Kurztitel

Die Raumnot der Tabelle verlangt äußerste Kürzung der Angaben auf ein Minimum, das nur noch die   I d e n t i f i z i e r u n g gewährleistet. Der Erscheinungsverlauf periodischer Verzeichnisse und die Titelvarianten können nur in besonders schwierigen Fällen angedeutet werden. Eventuell sind hier Angaben zur Anlage des Verzeichnisses eingebracht worden, wenn Platz vorhanden war.

(3)   Korporativer Träger

Manchmal prägt ein korporativer Träger das Verzeichnis in hohem Maße, wie z.B. im Falle aller Kataloge von Fachbibliotheken. Deshalb soll dieser Gesichtspunkt bei Bedarf aufsuchbar sein.

(4)   Lfd. Nr

Die laufende Numerierung aller Verzeichnisse je Tafel gestattet die kurze und genaue Bezugnahme durch Verbindung von Kennbuchstaben und lfd. Nr.

(5)   Thema, Besonderheiten des Inhalts

Der thematische Umfang des Verzeichnisses wird durch Schlagworte gekennzeichnet, die auch der analytischen Erschließung im Register dienen. (Die SW-Formen stimmen nicht immer mit den Registerbegriffen überein, was jedoch der sicheren Erschließung durch das Register keinen Abbruch tut.)
Diese Rubrik nimmt alle jene Besonderheiten auf, die nicht durch

die darauffolgenden Rubriken erfaßt werden; zu den Schlagworten
für den thematischen Umfang treten daher Angaben über
- die Erfassung oder den Ausschluß besonderer Schriftenklassen,
- die innere Gliederung des Verzeichnisses,
- besondere Sachverhalte zur Erschließung: Vorhandensein
  bestimmter spezieller Register, Hinweise zur Benutzung.

Es handelt sich um die Rubrik mit den meisten Gesichtspunkten und
es stellt sich die Frage, ob hier eventuell eine weitere Differenzierung der Tabelle in Einzelrubriken vorgenommen werden sollte.
Andererseits hat es sich bei der Ausarbeitung der "Tafeln" auch
als vorteilhaft erwiesen, angesichts des oft sehr ungleichmäßigen
Platzbedarfs e i n e Rubrik inhaltlich flexibel zu halten,
sodaß sie notfalls auch Angaben aus anderen Rubriken aufnehmen
kann.

(6) A / R   **"A"** = Annotationen und **"R"** = Referate (Abstracts) werden angegeben,
wenn wenigstens ein nennenswerter Teil der Titel Annotationen oder
Referate erhalten haben.

(7) GEO   Der geographische Bezug kann bei Fachbibliographien zwei verschiedene Bedeutungen haben:
- als geographischer U m f a n g   d e r   T h e m a t i k ,
  z.B. die Geschichte eines Landes oder einer Region
  betreffend;
- als H e r k u n f t   d e r   a n g e z e i g t e n
  D r u c k e , z.B. nur in Deutschland oder nur in den **USA**
  Erschienenes.

Die Angaben in dieser Rubrik beziehen sich normalerweise auf den
Umfang der T h e m a t i k ; ist die geographische Begrenzung
der Thematik bereits in der Rubrik (5): Thema, Inhalt zum Ausdruck
gebracht worden, dann könnte die Rubrik GEO dies nochmals zum
Ausdruck bringen, was jedoch nicht ganz konsequent befolgt worden
ist.

Wenn die Angabe unter GEO von einer geographischen Begrenzung
unter (5): Thema, Inhalt abweicht, dann ist die Herkunft der
angezeigten Drucke gemeint.

(8) SPR   Sind nur Schriften in e i n e r oder in z w e i Sprachen
verzeichnet, werden entsprechende, gekürzte Sprachbezeichnungen
eingesetzt. Sind Schriften in mehr als zwei Sprachen verzeichnet,
wird "int." = international eingesetzt, eventuell mit einer in
Klammern stehenden, zusätzlichen Sprachbezeichnung, um einen
starken Schwerpunkt anzudeuten.

(9) U   Das Vorhandensein einer Erschließung des bibliographisch Unselb-
ständigen wird durch ein Kreuz gekennzeichnet.

(10) FE   Das Vorhandensein einer Formalerschließung wird durch ein Kreuz
gekennzeichnet. Dabei bleibt unberücksichtigt, ob die FE im Haupt-
teil oder im Register geboten wird; bei Vereinigung der FE mit der
SE in einem Alphabet wird unter beide Rubriken "Kreuzverz."
gesetzt. Der Umfang der FE (Anzahl der erschlossenen Merkmale:
Verfasser, Beteiligte, Anonyma, Sachtitel der Verfasserschriften,
Korporationen, Stichworte des Sachtitels usw.) kann im Rahmen der
"Tafeln" nicht näher gekennzeichnet werden.

(11)　SE　　　　　　　　Das Vorhandensein einer Sacherschließung wird durch ein Kreuz
　　　　　　　　　　　　　gekennzeichnet; dabei bleibt unberücksichtigt, ob die SE im Haupt-
　　　　　　　　　　　　　teil oder im Register geboten wird, und welchen Grundsätzen sie
　　　　　　　　　　　　　folgt. Bei Vereinigung von FE und SE in einem Alphabet: Vermerk
　　　　　　　　　　　　　"Kreuzverz."

(12)　K　　　　　　　　　Diese Rubrik dient einem sehr speziellen Zweck: hier wird　n u r
　　　　　　　　　　　　　für solche Verzeichnisse, die selbst periodisch erscheinen, vermerkt,
　　　　　　　　　　　　　ob Kumulierungen auf　h ö h e r e r　a l s　J a h r e s s t u f e
　　　　　　　　　　　　　erschienen sind. Nach derartigen Kumulierungen muß man, besonders
　　　　　　　　　　　　　wenn sie als schmale Register erschienen oder überhaupt nur einem
　　　　　　　　　　　　　Jahrgang angefügt worden sind, im bibliographischen Apparat gewöhn-
　　　　　　　　　　　　　lich　s u c h e n　, und ein Hinweis in dieser Rubrik soll zur
　　　　　　　　　　　　　Suche auffordern.
　　　　　　　　　　　　　Diese Rubrik konnte noch nicht vollständig erfüllt werden. Auch wird
　　　　　　　　　　　　　erst die Praxis zeigen, ob diese Erfassung als nützlich und lohnend
　　　　　　　　　　　　　einzuschätzen ist. Wenn kein Bedarf besteht, könnte sie gestrichen
　　　　　　　　　　　　　werden.

4.　Erschließung der Fachbibliographien

Der Bibliothekar steht vor einer überwältigenden Vielfalt von Fachbibliographien. Jede
wissenschaftliche Universalbibliothek wird mehrere Tausend Titel in ihren Beständen (wenn
auch nicht unbedingt in der Handbibliothek aufgestellt) haben. Der Ausschnitt, der daraus im
bibliothekarischen Studium vermittelt wird, ist für den Nicht-Fachmann zunächst nur in
großen Umrissen zu erkennen; und nur in ständiger, intensiver bibliographischer Arbeit und
Beschäftigung mit den Verzeichnissen kann man allmählich ihre komplexen Inhaltskonzeptionen
erfahren und diese Quellen voll ausschöpfen lernen. Dieser Prozeß des Studiums und der Ein-
arbeitung bedarf eines Instruments, das alle, auch die verdeckten Inhalte der Verzeichnisse
schnell und möglichst zielsicher erschließt: zu diesem Zweck wird den "Tafeln" ein Register
zur analytischen Inhaltserschließung angefügt.

4.1　Stand der Fachliteratur

Noch in den letzten Jahren sind fachbibliographische Einführungen erschienen, die auf
Register überhaupt verzichtet haben. Die meisten vorliegenden bibliographischen Handbücher
und Einführungen bieten in ihren Registern　z w e i　A r t e n　von Erschließungen:
　　(1) entweder nur für die　F o r m a l i e n　der behandelten Verzeichnisse, nach
　　　　Verfassern, Korporationen, Anonyma;
　　(2) oder zusätzlich einige　S c h l a g w o r t e　für die　T e x t a b s c h n i t t e
　　　　der Darstellung.

Weitergehende Erschließungen für die einzelnen bibliographischen Verzeichnisse sind mir nur
in einer amerikanischen Veröffentlichung und in zwei nicht veröffentlichten deutschen Arbeiten oder Arbeitsvorhaben bekanntgeworden. Bei der amerikanischen Veröffentlichung handelt
es sich um
　　B.F.Shearer, B.S.Shearer: Finding the source. A thesaurus-index to the reference
　　collection. Westport, Conn. 1981. 545 S.
　　Gegliedert in zwei Teile:
　　(1) Ca. 2000 Nachschlagewerke, Bibliographien und Sachauskunftsmittel.
　　　　A-Z: Vf/Anon. Mit lfd. Numerierung der Werke.
　　(2) "Thesaurus-index": A-Z: Deskriptoren/Nicht-Deskriptoren.
　　　　Gibt zu jedem Deskriptor
　　　　　- die Nicht-Deskriptoren (UF: used for)
　　　　　- die Oberbegriffe (BT: broader term)
　　　　　- die Unterbegriffe (NT: narrower term)
　　　　　- die verwandten Begriffe (RT: related term)
　　　　　- Unterschlagworte zum Deskriptor , lfd. Nr der einschlägigen Verzeichnisse.

Eine nicht veröffentlichte deutsche Arbeit enthält ein Schlagwortregister mit ca. 250 Suchbegriffen zur Erschließung der gedruckten Fachkataloge der Fa. Hall (Boston):

> P.Finkenstaedt: Benutzungsführer zum Bestand der sogenannten Hall-Kataloge der Staatsbibliothek Preußischer Kulturbesitz unter dem Aspekt ihrer Verwendung als bibliographisches Hilfsmittel. Hausarbeit zur Diplomprüfung für den gehobenen Dienst an wissenschaftl. Bibliotheken. Berlin (West), 16.10.1980.

Schließlich ist auf den Plan der Staatsbibliothek Preußischer Kulturbesitz, Berlin, hinzuweisen, den Inhalt der Bibliographien und Kataloge in ihrer bibliographischen Handbibliothek in einem Schlagwortverzeichnis zu erschließen.

Der Stand der Fachliteratur zeigt, daß der Gedanke einer analytischen Erschließung der Bibliographien nicht sehr verbreitet sein kann und sich auch noch kaum in Veröffentlichungen konkretisiert hat.

4.2 Erfordernis einer analytischen Inhaltserschließung

Im Rahmen dieser Einleitung kann man die Frage, warum eigentlich eine analytische Inhaltserschließung für Fachbibliographien bisher unterblieben ist, auf sich beruhen lassen. Es scheint jedoch angebracht zu sein, die Nützlichkeit und das Erfordernis einer solchen Erschließung näher zu begründen. Daher sollen wenigstens die fünf wichtigsten Gesichtspunkte vorgetragen werden.

4.2.1 Unzureichende Aussagen der Verzeichnistitel

Bibliographien und Kataloge bringen ihren wirklichen Inhalt im S a c h t i t e l n i c h t a u s f ü h r l i c h genug zum Ausdruck; sie enthalten meistens mehr, selten weniger als man nach der Titelaussage annehmen kann.

4.2.2 Interdisziplinäre Orientierung der Verzeichnisse

Bibliographien definieren ihren Inhalt oft in Bezug auf einen F o r s c h u n g s - g e g e n s t a n d , der interdisziplinär bearbeitet worden ist, sodaß die Frage nach dem Kreis der beteiligten F a c h d i s z i p l i n e n erst durch eine genauere inhaltliche Prüfung festgestellt werden kann.

4.2.3 Fachgebietsabgrenzungen in den Verzeichnissen

Selbst wenn Fachbibliographien ihren Inhalt rein nach Fachgebieten definieren, bleibt immer noch die Frage offen, wie e n g oder w e i t das Fachgebiet abgegrenzt und ob die angrenzenden Gebiete einbezogen oder ausgeschlossen worden sind.

4.2.4 Abhängigkeit der Fachkataloge von den Institutionen

Wenn das Verzeichnis als Katalog einer Fachinstitution entstanden ist, wird der Inhalt des Verzeichnisses ganz natürlicherweise entscheidend geprägt durch die i n d i v i d u - e l l e E n t w i c k l u n g der Institution, die zu völlig unerwarteten inhaltlichen Schwerpunkten und Lücken in den Beständen oder auch zu sehr individuellen Entscheidungen über die Aufnahme der Bestände in die gedruckten Kataloge geführt haben kann.

4.2.5 Das Problem der Recherchesituation

Vom bibliographischen Recherchefall her kann eventuell nur der G e g e n s t a n d der Schrift oder nur die F a c h d i s z i p l i n der gesuchten Literatur zu erkennen sein, sodaß eine Verknüpfung zwischen Gegenständen einerseits und einigen Fachdisziplinen andererseits wünschenswert erscheint, um zur Abrundung der Recherche die unter dem einen oder dem anderen Gesichtspunkt auch noch in Frage kommenden Verzeichnisse zu überblicken und heranzuziehen.

4.3 Entscheidung für das Schlagwortregister

Das Schlagwortprinzip erlaubt eine Benutzung o h n e   V o r b e d i n g u n g e n   und erschließt   s c h n e l l   und auch   p u n k t u e l l   und gilt daher als ein besonders benutzerfreundliches Instrument. Diese Gesichtspunkte sprechen auch für seine Verwendung zur analytischen Inhaltserschließung für Fachbibliographien.

4.3.1   Grundlagen des Registers

Die unter 4.1 erwähnten Arbeiten von Shearer und Finkenstaedt verwenden ebenfalls das Schlagwort. Modellcharakter für das vorliegende Register konnten beide Arbeiten nicht haben; eine Thesaurus-Struktur wie bei Shearer konnte im gesetzten Zeitrahmen nicht ausgearbeitet werden, sodaß die durchaus wünschenswerte Weiterentwicklung in diese Richtung einer eventuellen Neubearbeitung vorbehalten bleiben muß; Finkenstaedts Register zu den Hall-Katalogen weist keine hinreichende Differenzierung und Verknüpfung zwischen den Registerbegriffen auf, um eine wirkliche Analyse der Inhalte leisten zu können.

Insgesamt konnte also für den vorliegenden Zweck nur auf ganz pragmatische Weise ein an den Verzeichnissen orientierter Schlagwortschatz zusammengestellt werden, der gerade so weit differenziert, daß die inhaltlichen Unterschiede zwischen den Verzeichnissen darstellbar sind; er wurde in Synonymen und Polysemen bereinigt, und die Verbindungen zwischen weiteren und engeren Begriffen wurden eingearbeitet.

Das vorliegende Register erschließt nur die Rubrik des Inhalts und daraus auch nur die T h e m e n   und   G e g e n s t ä n d e   der Fachbibliographien; d.h. alle anderen Angaben dieser Rubrik bleiben unberücksichtigt; als Ausnahmen sind nur wenige Schriftenklassen in das Register aufgenommen worden.

4.3.2   Erfassung der inhaltlichen Merkmale

Sie erfolgte grundsätzlich nach Autopsie; nur gelegentlich wurden zur Ergänzung in schwer nachprüfbaren Einzelfragen die Handbücher von Sheehy und Walford herangezogen. Die Frage, bis in welche Größenordnung Inhaltsbestandteile nachgewiesen werden sollten, ist reine Ermessenssache; sie wurde hier eher restriktiv entschieden, sodaß nur wirklich nennenswerte Anteile des Inhalts Registereinträge erhalten haben. Bei Verzeichnissen mit inhaltlichen Veränderungen in langen Erscheinungszeiträumen wurde der aktuelle Stand zugrundegelegt.

4.3.3   Grad der Erschließung

Die praktischen Probleme der bibliographischen Arbeit stellen sich gewöhnlich nicht sehr subtil und genau definiert dar: die Präzisierung und Spezifizierung ergibt sich oft erst während der Recherche. Wenn man das gesuchte Titelmaterial nur ungefähr einem Fachgebiet oder Themenkreis zuordnen kann, wird die Recherche vorsorglich   e h e r   u n t e r   e t w a s   w e i t e r e n   als zu engen B e g r i f f e n   begonnen, um nicht durch eine voreilige, ungerechtfertigte Verengung den Erfolg der Arbeit in Frage zu stellen.

Für das Register wurden daher ebenfalls eher weitere als engere Begriffe gewählt, obwohl grundsätzlich auch sehr enge Begriffe aufgenommen worden sind, vgl. 4.3.4: Die untere Schlagwortebene.

4.3.4   Drei Schlagwort-Ebenen

Die Gesamtheit aller Registerbegriffe kann man sich nach Begriffsumfang und hierarchischer Abstufung auf 3 Ebenen verteilt vorstellen, deren Verhältnis zueinander folgendermaßen zu bestimmen ist.

Die mittlere Schlagwort-Ebene

Sie enthält die Bezeichnungen für einzelne Fachgebiete in der Größenordnung wie z.B.:

- Philosophie   - Deutsche Philologie   - Physik
- Pädagogik   - Englische Philologie   - Chemie
- Psychologie   - Französische Philologie - Geologie

Sie hält sich an die üblichen Bezeichnungen. Diese Fachbezeichnungen dürften im Recherche-fall wohl die e r s t e n   S u c h b e g r i f f e   sein: sie bilden die Grundlage aller Überlegungen zum Inhalt von Fachbibliographien, kommen gewöhnlich in deren Sachtiteln vor und stellen daher auch den größten Anteil aller Registereinträge.

Die höhere Schlagwort-Ebene

Sie enthält verhältnismäßig wenige Bezeichnungen für   F ä c h e r g r u p p e n   sehr unterschiedlichen Umfangs, z.B.:

- Geisteswissenschaften   - Altertumswissenschaft(en) - Bio-Wissenschaften
- Gesellschaftswissenschaften   - Darstellende Künste   - Geo-Wissenschaften
- Naturwissenschaften   - Bildende Künste
                                 - Sprachwissenschaften
                                 - Literaturwissenschaften

Für die Erschließung haben diese Gruppenbezeichnungen zweifache Bedeutung: (1) nur unter den Gruppenbezeichnungen finden solche Verzeichnisse, die alle oder mehrere Fächer der Gruppe erfassen, ihren systematisch richtigen Ort; (2) von den einzelnen Fachgebieten der mittleren Schlagwort-Ebene muß konsequent auf die Gruppenbezeichnungen mit "Siehe-auch-Verweisungen" hingewiesen werden, zur ständigen Erinnerung an die umfassenden Verzeichnisse und als Anregung zum vollen Ausschöpfen der Ressourcen.

Die untere Schlagwort-Ebene ·

Hier treffen die engeren und engsten Begriffe für   T e i l g e b i e t e   und für einzelne F o r s c h u n g s g e g e n s t ä n d e   zusammen. Die Begriffe dieser Ebene ergeben sich ausschließlich aus den Besonderheiten der ausgewählten Verzeichnisse: sie bieten daher ein s e h r   u n a u s g e w o g e n e s   Bild. So sind z.B. die folgenden Begriffe in das Register aufgenommen worden:

- Laser   - Fernerkundung   - Abwasser   - Stadtplanung
- Maser   - Frauenfrage   - Fotografie

weil bestimmte Verzeichnisse Literatur zu diesen speziellen Themen enthalten   -   während zahlreiche andere, ebenso spezielle Begriffe im Register fehlen.

Der Benutzer darf daher unter derart speziellen Begriffen suchen   -   nur darf er nicht erwarten, alle Begriffe dieser Größenordnung zu finden: er muß daher, wenn er unter einem engen Begriff sucht und diesen im Register nicht findet, selbst die in Frage kommenden weiteren Begriffe der mittleren Schlagwort-Ebene herausfinden und diese im Register aufsuchen. Hier spielt die Kenntnis der Wissenschaftskunde in die Benutzung der Fachbibliographien hinein, und es muß als vereinbart gelten, daß die "Tafeln" und das Register eine grundsätzliche wissenschaftskundliche Orientierung voraussetzen.

Angesichts der objektiv unbefriedigenden Entwicklung der unteren Schlagwort-Ebene kann man fragen, ob sie überhaupt in ein solches Register gehört und man sie nicht besser streichen sollte. Vorerst scheint mir einer derart puristischen und rigorosen Entscheidung das Argument entgegenzustehen, daß es Verzeichnisse zu diesen engen Begriffen in den "Tafeln" tatsächlich gibt, und daher ist die sehr punktuelle Erschließung in diesen Fällen auch sinnvoll.

4.3.5 Umfang des Registers

Die Auswertung der Verzeichnisse und die Ergänzung durch einige Oberbegriffe hat insgesamt
ca. 220 Suchbegriffe im Register ergeben, die offensichtlich ein hinreichend feines Raster
darstellen, um die inhaltlichen Unterschiede und die Überschneidungen zwischen den Verzeichnissen abzubilden.

4.3.6 Der einzelne Registereintrag

Für die Registereinträge wurde folgender Aufbau gewählt, der die Angaben in 5 Abschnitte
gliedert. Für ein gutes Funktionieren der Erschließung im Register ist es unerläßlich, die
B e d e u t u n g   der einzelnen Angaben zu beachten.

Beispiel:

G e o l o g i e	(1) Suchbegriff
s.a. Geo-Wissenschaften Naturwissenschaften	(2) "Siehe-auch"-Verweisungen auf O b e r b e g r i f f e , alphabetische Reihenfolge; unter ihnen können weitere einschlägige Verzeichnisse genannt sein. Zum vollen Ausschöpfen der Möglichkeiten müssen a l l e Oberbegriffe im Register aufgesucht werden.
Tafel W: 1-4.6. N 5 (US.Dpt.Interior) X 10 (ASFA/2) Z 1 (Ei)	(3) Vorrangig einschlägige Verzeichnisse zum Suchbegriff; zuerst Tafeln, vollständig oder teilweise einschlägig, dann aus anderen Tafeln einzelne Verzeichnisse. - Die hier genannten Verzeichnisse sind grundsätzlich auch für die (4) Unter-Schlagworte einschlägig !
Geophysik: U 6 (Phys.abstr.) U 7 (pb) W 4 (B. and ind.) W 6 (Oceanic abstr.) Geothermik: Z 9 (ERA)	(4) U n t e r - S c h l a g w o r t e zum Suchbegriff, alphabetische Reihenfolge; für die Unter-Schlagworte sind grundsätzlich alle unter (3) genannten Verzeichnisse einschlägig; außerdem werden für die Unter-Schlagworte weitere, speziell einschlägige Verzeichnisse genannt oder auf weitere Suchbegriffe verwiesen. Unter-Schlagworte erscheinen im Register nur dann, wenn für sie weitere, speziell einschlägige Verzeichnisse zu nennen sind. Teilgebiete des Suchbegriffs, für die kein Unter-Schlagwort im Register erscheint, werden in den vorrangig einschlägigen Verzeichnissen unter (3) gesucht.
s.a. Extraterrestrische Geologie.	(5) "Siehe-auch"-Verweisungen auf Begriffe, die inhaltlich (a) entweder mit dem Suchbegriff v e r w a n d t sind (b) oder einen G e g e n s t a n d der Forschung bezeichnen, der unter dem Suchbegriff betrachtet werden kann. Diese Begriffe dienen zur Anregung für Rechercheüberlegungen und zur Prüfung, ob die unter ihnen im Register genannten Verzeichnisse für den Recherchezweck einschlägig sein können. Die Angaben im letzten Teil des Registereintrags sind keinesfalls vollständig, und ihre Einschlägigkeit ist nicht gesichert, sondern muß erst festgestellt werden.

Von Unter-Schlagworten, die Fachgebiete oder Teilgebiete bezeichnen, wird im Register auf
den Suchbegriff verwiesen, unter dem sie aufgeführt sind. Da sich das Register noch im
Zustand der Ausarbeitung befindet und seine endgültige Form erst mit einer regelgerechten
Thesaurus-Struktur und erst nach einem längeren Test in der Praxis erhalten wird, sind auch
die einzelnen Registereinträge noch nicht alle konsequent aufgebaut.

Die Einzelaussagen sollten sich wohl weitgehend als zutreffend erweisen; die Verknüpfungen
dagegen sind noch unzulänglich dargestellt, lückenhaft und in manchen Fällen vielleicht auch
nicht besonders einschlägig. Der Gesamtumfang der Erschließung stellt nur ein Minimum dar
und könnte erheblich gesteigert werden, wenn in den "Tafeln" mehr Platz für Inhalts-Schlagworte zu schaffen wäre und der Registerumfang zunehmen dürfte: beides Voraussetzungen, die
im Augenblick nicht erfüllt sind.

A	Buch, Bibliothek, Information	N	Gesellschaftswiss.
B	Geisteswiss.	P	Staat, Recht
		Q	Politik, Wirtschaft, Gesellschaft
C	Philosophie, Religion, Theologie	R	Geographie
D	Psychologie, Pädagogik		
E	Allg. Sprach- u. Literaturwiss.	T	Naturwiss.
F	Altertum		
G	Germanistik, Deutsch, Englisch	U	Mathematik, Astronomie, Physik
H	Romanistik	V	Chemie
K	Kunst, Musik, Theater, Film	W	Geo-Wissenschaften
L	Geschichte	X	Bio-Wissenschaften
		Y	Medizin, Pharmakologie, Sport
		Z	Technik

Abkürzungen   (Auswahl)

Zitiertitel-Abkürzungen sind in das Titelregister am Schluß des Heftes aufgenommen worden.

A	Annotationen	N.-Am. Nord-Am.	Nord-Amerika
Abbildungen	Allischewski: Abbildungen zur Bibliographienkunde. 1978.	PI	Preußische Instruktionen
ADS	Amtsdruckschriften	R	Referate, Abstracts
Am.	Amerika	Reg.	Register
Ass.	Association	SE	Sacherschließung
Aufs.	Aufsätze	Soc.	Society, Société
B.	Bibliographie	spr.	-sprachig
BER	Berichtsjahre	Spr.	Sprach-
biogr.	biographisch	ST	Sachtitel
B.kunde	Allischewski: Bibliographienkunde. 1976. Durchgesehener Nachdr. 1978.	StW	Stichworte
		SW	Schlagworte
DDC	Dewey Decimal Classification	U	bibliographisch Unselbständiges
Dpt.	Department	Univ.	University
dt.	deutsch	Verz.	Verzeichnis
Dtld.	Deutschland	Vf	Verfasser
E-Jahre	Erscheinungsjahre	Vgl.	Vergleiche
enth.	enthält	wiss.	wissenschaftlich
FE	Formalerschließung		
Ffm.	Frankfurt/M.		
FIZ	Fachinformationszentrum		
GEO	geographischer Bezug		
Info.	Information		
Inst.	Institut		
int.	international		
K	Kumulierung		
Kat.	Katalog		
lit.	literarisch		
Lit.	Literatur		
Lpz.	Leipzig		

BER	Zitiertitel, Kurztitel	Korporativer Träger	Lfd. Nr.	Inhalt Thema Besonderheiten	A/R	GEO	SPR	U	FE	SE	K
1884–1940	IBiBuBi. - Internationale B. d. Buch- u. Bibliothekswesens, mit bes. Berücksichtigung der Bibliographie. NF. Jg 1-15. 1.1926-15.1940. Lpz 1928-41. Anf. u.d.T.: Bibliographie d. Bibliotheks- u. Buchwesens. Jg 1.1904-9.1912 u. Jg 1922-25. (= ZfB. Beih.) HB 1 Ab 3465/3470		1	Buchwesen Bibliothekswesen Bibliographie	---	int.	int.	x	x	x	---
1933–45	Vorstius, J.: Die Erforschung d. Buch- u. Bibliothekswesens in Deutschland, 1933–1945. Amsterdam 1969. 235 S. HB 1 Js 300		2	Buchwesen Bibliothekswesen Bibliographie Wissenschaftsgeschichte	A	Dtld.	dt.	x	x	x	---
-1964	Busch, J.: B. zum Bibliotheks- u. Büchereiwesen. Wiesbaden 1966. 223 S. HB 1 Jt 349		3	Buchwesen Bibliothekswesen	---	Dtld.	dt.	x	x	x	---
-1960 1961-	Dictionary cat. of the history of printing. Boston 1961- Grundwerk:1-6. HB 1 Js 6385 Suppl. 1-	Newberry Libr., Chicago	4	Buchwesen	---	int.	int.	---	x Kreuz-Katalog	x	---
-1961 1962-	Dictionary cat. of the Libr. of the School of Library Service. Boston 1962- Grundwerk:1-7. HB 1 Jt 835 Suppl. 1-	School of Libr. Service, Columbia Univ., N.Y.	5	Buchwesen Bibliothekswesen Bibliographie Jugendliteratur	---	Nord-Am. Europa	engl.	---	x Kreuz-Katalog	x	---
1976–79	Fachliteratur zum Buch- u. Bibliothekswesen. 12.Ausg. München 1981. 692 S. HB 1 Js 320		6	Buchwesen Bibliothekswesen Informationswesen "Graue Literatur"	---	int.	int.	---	x	x	---
1921-	LiLi. - Library literature. Chicago 1934- Vorgänger: H.Cannons, G.Turner: B. of library economy. 1876-1920. Chicago 1927. 680 S. HB 1 Jt 1016	Wilson Co., N.Y.	7	Buchwesen Bibliothekswesen Informationswesen	---	int.	int. (engl.)	x	x Kreuz-Katalog	x	x
1950-	LISA. - Library and information science abstracts. 1- London 1969- Vorgänger: Library science abstracts. 1950-68. HB 1 Jt 1021	LA, London	8	Bibliothekswesen Informationswesen Reports	R	int.	int.	x	x	x	x

Jahr	Quelle	Titelangabe	Sachgebiet					Sprache	Land	R
		...Ffm. 1950- Enthält den auch separat erscheinenden Teil: Schrifttum zur Informationswissenschaft u. -praxis. HB 2 Ua 595	Informationswesen / Dokumentationswesen	x	x	x	x	dt.	Dtld.	R
1965-	DBI, Berlin	10 FD. - Fachbibliographischer Dienst Bibliothekswesen. 1- Berlin 1965- HB 1 Jt 350	Buchwesen / Bibliothekswesen / Bibliographie	—	x	x	x	int.	int.	—
1966-	Am.Soc. f. Information Science	11 ISA. - Information science abstracts. 1- Philadelphia 1966- Anf. u.d.T.: Documentation abstracts. HB 1 Ju 1020	Informationswesen / Dokumentationswesen	x	x	x	x	engl. / russ.	USA	R
1970-	IFLA	12 ABHB. - Annual b. of the history of the printed book and libraries. 1- The Hague 1973- HB 1 Js 375	Geschichte des – Buchwesens – Bibliothekswesens	—	x	x	x	int.	int.	—
1970-	CNRS, Paris	13 Bulletin signalétique. Reihe 101: Information scientifique et technique. 1- Paris 1970- Seit 1972 u.d.T.: Science de l'information et documentation. HB 1 Ju 1640	Informationswesen / Dokumentationswesen	—	x	x	x	int.	int.	R
1971-	Dt.Bücherei, Lpz.	14 Informationsdienst Bibliothekswesen. 1- Lpz. 1971- HB 1 Jt 1025	Bibliothekswesen / Bibliographie	—	x	x	x	dt. osteuropäisch	int.	R
ca.1980-		15 BBB. - Bibliographie der Buch- u. Bibliotheksgeschichte. Bearb.: Horst Meyer. 1.1980/81- Bad Iburg 1982- HB 1 Js 2120	Buchwesen: Geschichte / Bibliothekswesen: Geschichte / Bibliographie:Geschichte / Hoher Anteil an Rezensionen.	—	x	x	x	dt. (wenig fremdspr.)	int.	—

BER	Zitiertitel, Kurztitel	Korporativer Träger	Lfd. Nr.	Inhalt Thema Besonderheiten	A/R	GEO	SPR	Erschließung U	FF	SE	K
1773–1830	Hocks, P. / Schmidt, P.: Index zu deutschen Zeitschriften der Jahre 1773–1830. Abt.1– Nendeln 1979– HB 1 Gx 10		1	Philosophie, Literatur, Kunst, Geschichte, Pädagogik, Staat, Politik, Wirtschaft, Gesellschaft. Enth. nur Zeitschriften-Aufs.	---	aus Dtld.	dt.	x	x	x	--- StW
–1962 1963– u.Ntrge	Catalogue of the libr. of the Peabody Museum of Archaeology and Ethnology. (3.Katalogdruck.) Boston 1963– Grundwerk:(1) Authors. 1–26. 1963. (2) Subjects. 1–27. 1963. (3) Index to subject headings. Rev. ed. 1971. SW-Reg.: (4) Suppl.1– Forts.:: HB 1 Oz 711–712	Peabody Museum, Harvard Univ., USA	2	Anthropologie Religionswiss., Psychologie, Soziologie Archäologie Amerikas Völkerkunde Amerikas Linguistik d.Eingeborenenspr. (Vgl. B.kunde Nr 22)	---	int.	int.	x	x	x	---
–1966 1966–	Catalog of the Warburg Institute Library. 2.ed. Boston 1967– Grundwerk: 1–12.1967. Forts.: Suppl.1– HB 1 Ox 560	Warburg Inst., Univ. of London	3	Problemorientiertes Verz.: "survival and revival of classical antiquity in the thought, literature, art and institutions of European civilization"(Vol.1; S.V) Kunst, Geschichte, Lit.-wiss., Philosophie, Religionswiss. Anthropologie, Sozialwissenschaften; Geschichte d. Natur- wiss.: Magie, Freimaurer, Alchemie, Astrologie (Vgl. B.kunde Nr 20)	---	int.	int.	x	(!)	x	---
–1970 1970–	Catalog of printed books of the Folger Shakespeare Library. Boston 1970– Grundwerk: 1–28. 1970. Forts.: Suppl.1– HB 1 Oi 3580	Folger Shakespeare Libr., Washington	4	Problemorientiertes Verz.: -Shakespeare, Theater u. Lit. seiner Zeit -europäische Renaissance, Humanismus, Reformation, Gegenreformation. Geschichte; Lit.-geschichte, Anglistik; Kunstgeschichte, Kulturgeschichte (Vgl. B.kunde Nr 21)	---	int.	int.	x	x wenig Kreuz-Katalog	x	---
1965–75	Geisteswissenschaftliche Fortschritts- berichte. Research progress reports in the humanities. Titelnachweis 1965–75. Ffm 1977. 285 S. HB 1 Ab 4610	SBPK, Berlin	5	Geisteswissenschaften Geographie Soziologie Enth. nur Forschrittsberichte	---	int.	int.	x	x	x	---
1962–	British humanities index. London 1962– HB 1 Gx 1150	LA: Library Ass., London	6	Geisteswissenschaften Sozialwissenschaften Enth. nur Zeitschriften-Aufs. (1)A-Z: SW. (2)A-Z:Vf.	---	aus GB	engl.	x	x	x	---

	No.	Titel / Verlag	Signatur	Beschreibung	aus N-Am. / int.	engl.		Kreuz-Verz.	
1965-	7	Humanities index. 1- New York 1975- · Wilson Co., New York Vorgänger: Social sciences and humanities index. 19.1965/66-27.1973/74. HB 1 Gw 5070		Geisteswissenschaften Enth. nur Zeitschriften-Aufs. Rez. in Anh.: Book reviews.	----	engl. ====	x	x x	--
1966-	8	DAI. - Dissertation abstracts international. 27.1966/67: Reihe A: Humanities and social sciences. Ann Arbor 1966- · University Micro-films Int., Ann Arbor HB 1 Dl 1280		Geisteswissenschaften Sozialwissenschaften Buch, Bibliothek, Information Enth. nur Dissertationen (Vgl. B.kunde Nr 156)	R aus N-Am., wenig int.	engl. ====	x	x	--
1964-	9	Interdok. Directory of published proceedings. Ser. SSH: Social sciences, humanities. 1- Harrison, N.Y. 1968- HB 1 Ea 810		Geisteswissenschaften Sozialwissenschaften Buch, Bibliothek, Info. Enth. nur Kongreßberichte (Vgl. B.kunde Nr 144)	---- int.	int.	x	x	x
1976-	10	AHCI. - Arts and humanities citation index. Philadelphia 1976- · ISI, Philadelphia (a) Source index. Permuterm subject ind. Corporate ind. (b) Citation index. HB 1 Gw 5340		Geisteswissenschaften Erschließt Zitier-Zusammenhänge. (a)Source ind.: zitierende Liste Lit., nur Unselbständiges, der aus Zsn u. Sammel-Zitate werken (b)Citation index: zitierte lit., Selbständiges u. Unselbständiges, ohne rückwärtige Berichtsgrenze	---- int.	int.	x	x	x
1979-	11	ISSHP. - Index to social sciences and humanities proceedings. Philadelphia 1979- · ISI, Philadelphia (a)Category index. A-Z: SW(zu Kongressen). (b)Contents of proceedings. Lfd.Nr.: "Proc." . Kongr.-berichte mit Inhaltsverzeichnissen. Lfd.Nr zählt durch alle Jahrgänge fort. (c)Author and editor index. A-Z:Personennamen. (d)Sponsor index. A-Z: Korp. (e)Meeting location index. A-Z: Geogr. Namen. (f)Permuterm subject index. A-Z: StW(aus ST d.Kongreßbeiträge!). (g)Corporate index. A-Z: Korp. A-Z:Geogr. Namen. (Korporationszugehörigkeit d. Vf !) HB 1 Ea 860		Geisteswissenschaften Sozialwissenschaften Buch, Bibliothek. Information Erschließt nur Inhalt von Kongreßberichten Hauptteile sind (b) und (f)	---- int.	int.	x	x	--

Philosophie · Religion · Theologie * Tafel C

BER	Zitiertitel, Kurztitel	Korporativer Träger	Lfd. Nr.	Inhalt — Thema Besonderheiten	A/R	GEO	SPR	U	FE	SE	K
	Philosophie										
1920-61 -66 -78	Totok, W.: Handbuch der Geschichte der Philosophie. Ffm 1964– 1: Altertum. 1964. 2: Mittelalter. 1973. 3: 15./16.Jh. (im Erscheinen) 4: 17.Jh. 1981. HB 1 Kb 20	Philosophie	1	Philosophie Theologie: MA Psychologie, Anthropologie, Wissenschaftsgeschichte Zeitabschnitt: -17.Jh. Für BER -1920: Überweg, 12.Aufl. (HB 3 Ba 6515)	A: selten	int.	int.	x	x	x	--
-ca.1945	Ziegenfuß, W./ Jung, G.: Philosophen-Lexikon. 1-2. Berlin 1949-50. Bereits 1937 mit 6 Lfgn erschienen u. verboten. A-Z:Philosophen.(Für dt.Vertreter eigene Angaben aus 600 Fragebogen.) HB 3 Aa 4650		2	Philosophie alle Zeitabschnitte: jedoch 19. u. 20.Jh. überwiegen (a)Philosophen u. Ausgaben (b)Sekundärliteratur ...	----	int.	int.	x	.x	.x	--
1947-	Bull. sign. 519: Philosophie. 23.1969- Paris 1969- Vorgänger: Reihen 19-24. 1947- HB 1 Ka 1020	CNRS, Paris	3	Philosophie, Psychologie, Anthropologie Wissenschaftsgeschichte alle Zeitabschnitte ; enth. fast nur Unselbständiges.	R	int.	int.	x	x	x	--
1949-	Répertoire bibliographique de la philosophie. 1.1949- Louvain 1949- HB 1 Ka 1025	Univ.Catholique, Inst.Sup. de Philosophie, Louvain	4	Philosophie alle Zeitabschnitte Jg in 4 Heften: H.1-3: Bücher, Zeitschr.aufs. H.2: Rezensionen; Register.	----	int.	int.	x	x	x	--
	Religionswissenschaft / Theologie		T	Theologie : Gesamtgebiet							
	RGG. - Die Religion in Geschichte und Gegenwart. 3.Aufl. 1-6 u. Reg.Bd. Tübingen 1956-65. HB 3 Na 6180		5	Religionswiss.(Lexikon !) Theologie: protestantischer Standpunkt ; alle Zeitabschnitte	----	int.	int.	x	x	x	--
-1959	Union Theological Seminary.(Kataloge). (1)The shelf-list. 1-10. (2)Alphabetical arrangement of main entries from the shelf-list. 1-10. Boston 1960. HB 1 Kn 3015-3016	Union Theological Seminary, New York	6	Religionswiss. Theologie alle Zeitabschnitte (1) Shelf-list. (2) Alphabet. arrangement ... Enth. nur "main entries", keine VW !	----	int.	int.	---	.x	x	--
-1966	Dictionary catalog of the Missionary Research Library. 1-17. Boston 1968. Vol.17: Periodicals, reports. HB 1 Kr 8805	Missionary Research Libr., Union Theol.Sem., New York	7	Religionswiss. Theologie Anthropologie, Völkerkunde Landeskunde d. missionierten Gebiete (=Dritte Welt): -Geschichte -Gesellschaft -Wirtschaft	----	int.	int.	x	x (Kreuz-katalog)	x	--
-1970	Enciclopedia delle religioni. 1-6. Firenze 1970-76. Vol.6:enth. Indici. HB 3 Ga 6200		8	Religionswiss.,Völkerkunde Theologie alle Zeitabschnitte	----	int.	int.	x	----	x	--

Jahr	Nr.	Titel	Sachgebiet						
1952–	9	IBHR. – International bibliography of the history of religions. 1952– Leiden 1954– (Jg 1973.1979) – HB 1 Kg 260 / IAHR: Int.Ass.for the History of Religions	Religionswiss., Völkerk. alle Zeitabschnitte alle Völker (wenig zu Bibel u. Theologie)	---	int.	int.	x	x	x	---
		Theologie								
–1956, gleitend –65	10	Buchberger, M.: Lexikon für Theologie und Kirche. 2.Aufl. 1–10. u. Reg.Bd u. Erg.Bde 1–3. Freiburg 1957–68. HB 3 Na 6190 Erg.Bde: 2.Vaticanum.	Theologie, Kirchengeschichte: katholischer Standpunkt alle Zeitabschnitte	---	int.	int.	x	x	x	---
1920–	11	Elenchus bibliographicus Biblicus. 1– Roma 1920–. Ersch. als Beilage zu: Biblica. HB 1 Ko 250 / Pontifical Biblical Institute, Rome	Theologie Bibelwissenschaft, Judentum Orientalische Spr. u. Lit. Vorderer Orient: -Altertum -Geographie -Archäologie -Länderkunde: alle Zeitabschnitte	---	int.	int.	x	x	x	---
1924–	12	Ephemerides theologicae Lovanienses. Enth.: Elenchus bibliographicus. 1– Louvain 1924– Zsn 3954 / Univ. Catholique, Louvain	Religionswissenschaft Theologie Kirchenrecht ; nicht: Kirchengeschichte !	---	int.	int.	x	x	x	---
		Kirchengeschichte								
–ca.1890	13	Backer, A.de/ Sommervogel, C.: Bibliothèque de la Compagnie de Jésus. 1–12. Bruxelles 1890–1932. Réédition 1960. Vol.1–8: A–Z:Vf/Regionen, Orte(Ordensprovinzen, Ordenskollegien). Vol.8–9:Suppl. u.A–Z:Anonyma. Vol.10: Tables(franz.SW; Systematik). Vol.11:"Histoire" d.SJ. Vol.12:Suppl. HB 1 Kp 6490 / Societas Jesu	Theologie Kirchengeschichte alle Zeitabschnitte Missionswiss., Geschichte, Sprach- u. Lit.wiss. (Kein Bibliothekskat., sondern Verz. d.Werke d.Ordensmitgl	A	int.	int.	x	---	x	---
1900–	14	Revue d'histoire ecclésiastique. Louvain 1900– HB 1 Kp 65 / Univ. Catholique, Louvain	Kirchengeschichte: alle Länder alle Zeitabschnitte Geschichte, historische Hilfswiss., Wissenschaftsgesch., Kunstgeschichte, Wirtschafts- u. Sozialgeschichte	---	int.	int.	x	x	x	---
–ca.1930	15	Heimbucher, M.: Die Orden und Kongregationen der katholischen Kirche. 3.Aufl. 1–2. Paderborn 1933–34. Nachdr. 1965. HB 3 Pi 6535	Ordensgeschichte: katholische Orden alle Länder alle Zeitabschnitte	---	int.	int.	x	x	x	---

BER	Zitiertitel, Kurztitel	Korporativer Träger	Lfd. Nr.	Inhalt Thema Besonderheiten	A/R	GEO	SPR	U	FE	SE	K
	P s y c h o l o g i e										
-1966 -1962	Schülling, H.: Bibliographisches Handbuch zur Geschichte der Psychologie. (1) 16.Jh. Hildesheim 1967. HB 1 La 28 (2) 17.Jh. Gießen 1964. HB 1 La 30		1	Philosophie Astrologie Psychologie Aberglaube Medizin Zeitabschnitt: 16.-17.Jh.	----	int.	int.	x	x	x nur für (2)	--
1927-	PA. - Psychological abstracts. 1- Lancaster, Pa. 1927- Kumulierungen, teils unter Einbeziehung des "Psychological index"(BER 1894-1935):	Am.Psychological Ass., Arlington	2	Psychologie: alle Bezüge Parapsychologie Bezüge: Mensch, Tier; Tests; Physiologie; Kommu-nikations-, Entwick-lungs-, Sozial-, Indivi-dual-Psychologie, Psychotherapie	R	int.	int.	x	x	x	s.u.
1894-	(a) Author index to Psychological index (1894-1935) and PA (1927-58). Suppl.1(59-63)-			(a)	R:nur Anfangs-zeilen				x		
1927-	(b) Cumulated subject index to PA. 1927-60. Suppl.1- HB 1 La 188			(b)	----					x	
1942-60	Wellek, A.: Gesamtverzeichnis d. deutschsprachigen psychologischen Literatur, 1942-60. Göttingen 1965. 876 S. HB 1 La 36		3	Psychologie: alle Bezüge Anthropologie Anlage: annalistisch. Pro Berichtsjahr: Systematik.	----	int.	dt. =====	x	x	x	--
ca.1969-	Bibliographie der deutschsprachigen psychologischen Literatur. Hrsg./Bearb.: J.Dambauer: 1.1971- Ffm 197 - HB 1 La 128		4	Psychologie: alle Bezüge Parapsychologie	----	int.	dt. =====	x	x	x	--
	P s y c h o a n a l y s e										
1893- 1952 53-60 60-69	Grinstein, A.: The index of psychoanalytic writings. Vol.1- New York 1956- 1-5: Grundwerk. A-Z:Vf; Subject index. 6-9: Forts. 10-14: Forts. HB 1 Lf 1342		5	Psychoanalyse Psychologie: ausgenommen Individual-P. Schriften von Psychoanalytikern auch über andere Themen Lfde Numerierung; "S"-Nr sind VW auf frühere Einträge.	----	int.	int.	x	x	x	--
	P ä d a g o g i k										
-1969 1970-	Pädagogik Dictionary catalog of the Teachers College Library. Boston 1970- Grundwerk: 1-36. HB 1 Lo 206 Suppl.1-	Teachers College, Columbia Univ., New York	6	Pädagogik, Psychologie Lit. über weltweit ca. 200 Erziehungssysteme Besondere Schriftenkl.: Schulbücher, Kinder-u.Bilderbücher	----	int.	int.	----	x	x Kreuz-Katalog	--
1929-	Education index. 1(1929-32)- New York 1932- HB 1 Lo 363	Wilson Co., New York	7	Pädagogik besonders Bildungswesen, Schulpraxis	----	int.	engl. =====	x	x Kreuz-verz.	x	

8 Pädagogik:
-Schulwesen -pädagog. Psychologie
-Lehrerbildung -programmiertes Lernen
-Erziehungs-
wirklichkeit -Didaktik, Unterrichtslehre
Recherche: es fehlt Gesamt-FE zu Reihe A, ersatzweise
sind die Register der Einzelbände zu benutzen.

int. dt. | x x x x | - - x -

Erziehungswissenschaftliche Dokumentation. Duisburger
Weinheim 1969-   Lehrerbücherei
Reihe A, Bd 1-11: Zeitschr.-Aufs.
Reihe B, Bd 1-12: Monogr. u. Unselbständiges
                  außerhalb d. Zeitschriften.
B, Bd 11: Gesamt-SW-Reg. zu A und B !
B, Bd 12: Gesamt-Formal-Reg. nur zu B !
Einzelne Bde erscheinen in 2.Aufl.
"Reihe C" ist d.Forts.: HB 1 Lo 141-143
1947-67
1945-71

9 Pädagogik
-alle Bezüge
-alle Schriftenklassen

int. dt. | x x x x | - - x -

Pädagogischer Jahresbericht. 1968-   Duisburger
Weinheim 1968-   HB 1 Lo 144   Lehrerbücherei
                                      1968-
1968-

10 Pädagogik: alle Bezüge A: int. int.
Jahresreg. erst ab 1977,   Deskriptoren
für 72-76 geplant

x x x x | - x - -

Bibliographie Pädagogik. 1-
Berlin 1966-   HB 1 Lo 154
DOPAED: Dokumentationsring Pädagogik
1966-

11 Pädagogik: alle Bezüge R aus engl.
Enthält nur Reports   USA
Lfde Numerierung: ED-Nr (ED=ERIC-document)

x x x - | x x - x

RIE. - Resources in education. 1-
Washington 1966-   HB 1 Lo 194
ERIC: Educational Resources Information Center,
1966-

12 Sozialpädagogik   A: int. int.
                            Deskriptoren

x x x x | - x - -

Bibliographie Sozialisation und
Sozialpädagogik. 1976- HB 1 Lu 160
DJI: Dt.Jugend-institut, München
1974-

S p e z i e l l e r e   V e r z e i c h n i s s e

13 Kinder- u. Jugendliteratur: int. int.
aus 25 Sprachen
Belletristik, Sachbücher, Comics, Massenprodukte
Sekundärliteratur, Nachschlagewerke:
interdisziplinär

x x x x | - - x -

Internationale Jugendbibliothek, München.Int. Jugend-
(Kataloge.) Boston 1968.   bibliothek,
(1)Alphabet. Kat. 1-5.
(2)Titelkat. A-Z:ST aller Schriften. 1-4.
(3)Systemat. Kat. DDC, mit SW-Reg. 1-2.
(4)Länderkat. A-Z:Ländernamen. 1-4.
(5)Illustratorenkat. A-Z:Illustratoren. 1-3.
                       HB 1 Lo 208
-1967

14 Pädagogik   R int.
Anthropologie

x x x x | - - x -

Rosenstiel, A.: Education and anthropology.
New York 1977. 646 S.   HB 1 Lo 2430
1698-1976

15 Frauenfrage   R int. engl.
Pädagogik, Bildungswesen
Sozialwissenschaften

x x x x | - - x -

Parker, F./ Parker, B.J.: Women's education.
1-2. Westport, Conn. 1979-81.
1: Doctoral diss. 2: Books and reports.
                   HB 1 Lo 2725
ca.1830-1980

Gesamtgebiet : Allgemeine Sprach- u. Literaturwissenschaften

BER	Zitiertitel, Kurztitel	Korporativer Träger	Lfd. Nr.	Inhalt Thema Besonderheiten	A/R	GEO	SPR	U	FE	SE	K
1884–	MLA. International b. of books and articles on the modern languages and literatures. New York 1921– Vorgänger: PMLA. Publications of the MLA. Beilage. 1884– Ergänzung:	MLA: Modern Language Ass. of. Am.	1	Sprachwiss., allgemein Literaturwiss., allgemein alle Sprachkreise 69–: Gliederung in 3 Teile, jeder eigenes Register; Bibliotheksausg.: alle 3 Teile in 1 Band, mit 3 Reg.!	----	int.	–55: N-Am. 56–: int.	x	x	x	--
1970–75	MLA abstracts. 1970–75. New York 1972–77. HB 1 Ma 260		–	Inh. u. Gliederung wie MLA. Auswahl von Titeln aus MLA.	R	int.	int.	x	---	x	--
1930–	The year's work in modern language studies. 1.1930– Cambridge 1932– HB 1 Ma 250	MHRA: Modern Humanities Research Ass., London	2	Sprachwiss., allgemein Literaturwiss., allgemein Sprachkreise: -Latein -german.Spr. -roman.Spr. -slav.Spr. -Keltisch Fortschrittsbericht, Literaturbericht	A	int.	int.	x		x	--

Sprachwissenschaft , allgemein

BER	Zitiertitel, Kurztitel	Korporativer Träger	Lfd. Nr.	Inhalt Thema Besonderheiten	A/R	GEO	SPR	U	FE	SE	K
ca.1900 –1960 (u.gltd)	Gipper, H./ Schwarz, H.: Bibliographisches Handbuch zur Sprachinhaltsforschung. 1– Köln 1962– T.1: A–Z:Vf. Lfg.1– (26.1982:=Po) – T.2: noch nicht erschienen. HB 1 Mb 980		3	Sprachwiss., allgemein Sprachinhaltsforschung Sprachkreise: "größere u. kleinere Kultursprachen"	A	int.	int.	x	x in T.1	x in T.2	--
1939–	Bibliographie linguistique. Linguistic bibliography. Grundwerk: 1939–47. Forts.: 1948– Utrecht 1949– HB 1 Mb 267		4	Sprachwiss., allgemein alle Sprachkreise	----	int.	int.	x	x	x	--
1967–	LLBA. - Language and language behavior abstracts. 1– La Jolla, Cal. 1967– HB 1 Mb 4040		5	Sprachwiss., allgemein Pädagogik Psychologie, Psychiatrie Psychopathologie alle Sprachkreise Soziolinguistik	R	int.	int.	x	x	x	--
1971–	BLL. Bibliographie linguistischer Literatur. 1(1971–75). 2(2976)– Ffm 1976– 1–3 u.d.T.: BULL. B. unselbständiger Lit., Linguistik. HB 1 Mb 291		6	Sprachwiss., allgemein Sprachkreise: -Deutsch -Englisch -roman.Spr. 1–3: nur Unselbständiges	A	int.	int.	x	x	x	--

Spezifische Schriftenklasse: Wörterbücher

Jahr	Nr.	Beschreibung	Sachgebiet	A					
–1957	7	Zaunmüller, W.: Bibliographisches Handbuch der Sprachwörterbücher. Stuttgart 1958. 496 Sp. HB 1 Mb 8065	Sprachwörterbücher, allg. alle Sprachen		int.	int.	—	x	x nach Spr.
1970–78	8	Fachwörterbücher und Lexika. International b. of specialized dictionaries. 6.Ausg. München 1979. 470 S. 5.Ausg. 1972. HB 1 Ac 3250	Sprachwörterbücher, fachl. alle Sprachen		int.	int.	—	x	x

Literaturwissenschaft, allgemein

Jahr	Nr.	Beschreibung	Sachgebiet	A					
–1948	9	Baldensperger, F./Friedrich, W.P.: B. of comparative literature. Chapel Hill 1950. 701 S. Reissued New York 1960. 705 S. HB 1 Mc 1550	Literaturwiss., allgemein alle Literatursprachen Geisteswiss., allgemein		int.	int.	x	(!)	x
–1959	10	Eppelsheimer, H.W.: Handbuch der Weltliteratur. Von den Anfängen bis zur Gegenwart. Ffm 1960. 808 S. HB 1 Mc 1551	Literaturwiss., allgemein alle Literatursprachen überwiegend Bibliographie !		int.	int.	x	(!)	x
–1964, gltd. –72	11	Kindler's Literatur Lexikon. 1-12. Zürich 1970-74. Bd 1: 700 Seiten Essays über einzelne Literaturen, nach Spr. o.Ländern. Bd 1-11: A-Z: Werke nach Originaltiteln. Bd 12: Nachtrag(A-Z). Register: A-Z: Vf. A-Z: Anonyma. A-Z: ST. A-Z: in den Essays genannte Werke, Vf u. Anon. HB 5 Cb 4500	Literaturwiss., allgemein alle Literatursprachen 1-11: A-Z: Werk-ST. Gibt (a) Referat u. Ausg. des Werkes (b) Lit. über d.Werk alle Literatursprachen Belletristik u. einige geisteswiss. bedeutende Werke	R	int.	int.	x	(!)	x
–1975	12	Wilpert, G.v.: Lexikon der Weltliteratur. 2.Aufl. 1.2. Stuttgart 1975-80. 1: A-Z:Verfasser. 2: A-Z:Werke. Reg.: A-Z:Vf. HB 5 Ca 9482	Literaturwiss., allgemein alle Literatursprachen Gibt (a) biogr.Artikel u. Ausgaben (b) Lit. über Verf. u.Werke		int.	int.	—	x	x
	13	Zoozmann, R.: Zitatenschatz der Weltliteratur. Eine Slg. v. Zitaten, Sentenzen, Aphorismen, Epigrammen, Sprich-wörtern, Redensarten u. Aussprüchen. Nach Schlagwörtern geordnet. 8.Aufl. Hamburg 1954. 922 Sp. 12., unveränd. Aufl. Berlin 1970. HB 5 Cb 1105	Zitate aus allen Literaturen A-Z: deutsche SW. Älteres Werk von 1907: Lipperheide, F.Frhr.v.: Spruchwörterbuch. HB 5 Cb 1060						

BER	Zitiertitel, Kurztitel	Korporativer Träger	Lfd. Nr.	Inhalt: Thema Besonderheiten	A/R	GEO	SPR	U	FE	SE	K
	A l t e r t u m s w i s s e n s c h a f t e n		:	Gesamtgebiet							
1700–1878	Engelmann, W./ Preuß, E.: Bibliotheca scriptorum classicorum. 8.Aufl. Lpz. 1880–82. Nachdr. Hildesheim 1959. T.1: Scriptores Graeci. A–Z:Schriftsteller/Anonyma. T.2: Scriptores Latini. A–Z:Schriftsteller/Anonyma. Forts.: HB 1 Mg 530		1	Griechisches Altertum Römisches Altertum –alte Schriftgebiete aller Fachgebiete Nennt zu jedem Schriftsteller: (a) Textausgaben .... (b) Lit. über Schriftsteller u. Werk	---	Mittel-meer-raum	int.	x	x		–
1878–96	Klußmann, R.: Bibliotheca scriptorum classicorum et Latinorum. Lpz. 1909–13. Nachdr. Hildesheim 1961. Bd.1: Scriptores Graeci. 1–2. A–Z. Bd.2: Scriptores Latini. 1–2. A–Z. Forts.: HB 1 Mg 540		2	Inhalt, Anlage u. Erschließung wie Engelmann/Preuß	–	–	–	–	–		–
1896–1914	Lambrino, S.: Bibliographie de l'antiquité classique. Paris 1951– P.1: Auteurs et textes. A–Z:Schriftsteller/Anonyma. (P.2 mit Systematik aller Fachgebiete: nicht ersch.) Forts.: HB 1 Mg 560		3	Inhalt wie Vorgänger. Anlage: griech. u. lat. Schriftsteller in einem Alphabet. Erschließung wie Vorgänger.	–	–	–	–	–		–
1914–24	Marouzeau, J.: Dix années de bibliographie classique. B. critique et analytique de l'antiquité gréco-latine. Paris 1927–28. P.1: Auteurs et textes. A–Z:Vf/Anon. P.2: Matiéres et disciplines. (a)Systematik (b) Index des noms d'auteurs. A–Z:Vf Forts.: HB 1 Mg 570		4	Griechisches Altertum Römisches Altertum Byzantinisches Reich – alle Fachgebiete	---	Mittel-meer-raum	int.	x	x nur für P.2	x nur für P.2	–
1924–	L'année philologique. B. critique et analytique de l'antiquité gréco–latine. Paris 1927– Jgge 1–32(1961) auch unter Hrsg. Marouzeau zitiert. HB 1 Mg 580	UNESCO	5	Inhalt wie Marouzeau. Anlage: (a)Auteurs et textes.A–Z. (b)Systematik aller Fach-gebiete.	A	Mittel-meer-raum	int.	x	x	x nur für (b)	–
1874–1929	Bibliotheca philologica classica. Beibl. z. Jahresbericht über d.Fortschritte d. klass. Altertumswissenschaften. 1–56. Berlin 1875–1931. HB 1 Mg 450		6	Griechisches Altertum Römisches Altertum Byzantinisches Reich – alle Fachgebiete Wichtige Ergänzung zu Engelmann/Preuß – Lambrino, denen als reine Schriftsteller-Verz. die Suchmöglichkeit unter Sachbegriffen fehlt.	---	Mittel-meer-raum	int.	x	x	x	–
–1909 1911–36	Fock. – Catalogus dissertationum philologicarum classicarum. 2.Aufl. Lpz. 1910–37. Grundwerk. Forts.: "Editio III". Nachdr. New York 1963. HB 1 Mg 440	G.Fock, Buchhandlung, Leipzig	7	Griechisches Altertum Römisches Altertum – alle Fachgebiete Enth. nur Dissertationen und Programmschriften	---	Mittel-meer-raum	lat. === dt. ==== (int.)	x			–

Jahre (E-Jahre)	Eintrag	Nr	Inhalt	Region	int./ent.			
1863–1954	Rounds, D.: Articles on antiquity in festschriften. The Ancient Near East, the Old Testament, Greece, Rome, Roman law, Byzantium. Cambridge, Mass. 1962. 560 S. HB 1 Mg 2340	8	Vorderer Orient: Altertum / Griechisches Altertum / Römisches Altertum / Byzantinisches Reich – alle Fachgebiete / Erschließt nur Festschriften und ihre Beiträge: alles in einem Alphabet.	Vord. Orient, Mittelmeerraum	int.	x	x	x StW(!) / —
ca.1874–1961	Bibliographie zur antiken Bildersprache. Heidelb. Akad. d. Wiss. Bearb.: V.Pöschl, H.Gärtner, W.Heyke. Heidelberg 1964. S.53–443: A–Z:griech. u. röm. Schriftsteller. S.447–611: A–Z:Sw(dt., lat.) für literarische Bilder. HB 1 Mg 5760	9	Griechisches Altertum / Römisches Altertum – alle Fachgebiete / Aus den Verz. F 1–6 u.a. exzerpiert, interessant wegen Suchmöglichkeit unter Sachbegriffen.	Mittelmeerraum	int.	x	x	x / —
–1968 / 1956–68 / 1956–68	DAI/Rom. – Kataloge d. Bibliothek d. Dt. Archäolog. Instituts Rom. Boston 1969. DAI: Dt.Archäologisches Inst., Berlin (1) Autoren- u. Periodika-Kat. 1–7. (2) Zeitschriften-Autorenkat. 1–3. (3) Systematischer Kat. 1–3. HB 1 Nw 579 Frühere Aufl. zu (3): Bd 1–2. Rom 1913–32. Bearb.: A.Mau u.a. HB 1 Nw 578	10	Vorderer Orient: Altertum / Griechisches Altertum / Römisches Altertum / Byzantinisches Reich – alle Fachgebiete	Vord. Orient, Mittelmeerraum	int.	x PI!	x	x / —
Lexika : mit bibliographischen Angaben								
–1894 gleitend mit E-Jahren	RE (o: Pauly/Wissowa). – Paulys Realencyclopädie der classischen Altertumswissenschaft. Neue Bearb. Hrsg: G.Wissowa u.a. Stuttgart 1894– Grundwerk: Reihe 1, Halbbde 1–47: A–Q.1894–1963. Reihe 2, Halbbde 1–19: R–Z.1914–72. Suppl.: 1– (15.1978) – Jedes Suppl. betrifft verschieden HB 5 Ga 7040 Der kleine Pauly.1–5. München 1964–75. HB 5 Ga 7195	11	Vorderer Orient / Griechisches Altertum / Römisches Altertum – alle Fachgebiete / großen Alphabet-Abschnitt. Einschlägigkeit prüfen! Römer (bis Diocletian) unter Gentilnamen:Cäsar s. Julius.	A Vord. Orient, Mittelmeerraum	int.	—	x	—
–1964	Lexikon der Alten Welt. Zürich 1965. 3524 Sp. HB 5 Ga 7215 Artemis-Verlag, Zürich	12	Vord.Orient; Griech. u. Römisches Altertum	ent-sprechend	int.	—	x	—
–1957, gleitend mit E-Jahren	Enciclopedia dell'arte antica, classica e orientale. 1–7. Roma 1958–66. Atlante.(Abbildungen) 1973. Suppl. 1970. 1973. HB 6 Aa 6280 Istituto d. EI (Treccani) Roma	13	Vord.Orient; Griech. u. Römisches Altertum -Kunst -Archäologie	ent-sprechend	int.	—	x	—
–1942, gleitend mit E-Jahren	Reallexikon für Antike und Christentum. 1– Stuttgart 1950 – (11:–Go.1981) – HB 3 Na 6160	14	"Auseinandersetzung d. Christentums mit der antiken Welt." Zeitabschnitt: 1.–6.Jh.			—	x	—

BER	Zitiertitel, Kurztitel / Korporativer Träger	Lfd. Nr.	Inhalt: Thema Besonderheiten	A/R	GEO	SPR	U	FE	SE	K
	Germanistik : Gesamtgebiet									
1960–	Germanistik. Int. Referateorgan mit bibliogr. Hinweisen. 1– Tübingen 1960– Vorgänger: HB 1 Mp 90	1	Sprachwiss. –Deutsch / Literaturwiss. –Niederl. / Theatergeschichte–Friesisch / alle Zeitabschnitte–Nordische Sprachen	A	int.	int.	x	x	x	--
1878–1939	Jahresbericht über die Erscheinungen auf dem Gebiete der germanischen Philologie. Ges.f.dt.Philologie, Berlin 1–42. 1879–1920. NF. 1–16/19 = 43–58/61; 1921–39. 1921–54. HB 1 Mp 35 Forts. als:		1878–1939: –Gotisch / zusätzlich ......–Englisch							
1940–50	Jber. f. dt. Spr. u. Lit. 1–2: 1940–50. Dt.Akad.d.Wiss., Berlin 1960–66. HB 1 Mr 5061		1940–50: nur Deutsch							--
–1883, gleitend bis ca.1955	**Deutsche Philologie** / Goedeke, K.: Grundriß zur Geschichte der deutschen Dichtung. 2.Aufl. Dresden 1884–1975. Bd 4 in 3.Aufl. Bd 1–15: –1830. Bde nach Epochen. NF: 1830–80. Lfg.1(1955)–3(1962). Abgebrochen! (1) Systematik. (2) A-Ay:Schriftsteller. Index. Nendeln 1975. Gesamtregister nur der Personennamen, jedoch ohne die ahd. und mhd. Autoren	2	Nur Literaturwiss. Zeitabschnitt: –1800 ; in NF –1880 nur Bruchstück. (a)Schriftsteller mit Ausgaben........ (b)Sekundärliteratur Jeder Bd mit Reg. d. behandelten Schriftsteller, wie der Index 1975; es fehlen jedoch Register zur Sekundärliteratur!	A	int.	int.	x	x	x	--
1912–50	Bd 4,5: Goethe-Bibliographie. HB 1 Ms 100 Recherche:		Sachbegriffe über einzelne Bde Schriftsteller über Index 1975.							
–1966, gleitend mit E-Jahr	Kosch, W.: Deutsches Literatur-Lexikon. Biographisch-bibliograph. Handbuch. Begr. v. W.Kosch. 3.Aufl. 1– Bern 1966– (8:–Ko.1981)– 2.Aufl.: 1949–58. HB 5 Sa 4851 Die im Kosch fehlenden Sachbegriffe erschließt:	3	Nur Literaturwiss. alle Zeitabschnitte 3.Aufl.: nur Schriftsteller 2.Aufl.: zusätzlich Sachbegriffe (a)Schriftsteller mit Ausgaben..... (b)Sekundärliteratur ·····	---	int.	int.	x	x	-- x	--
–1955, gleitend mit E-Jahr	Merker / Stammler. – Reallexikon der deutschen Literaturgeschichte. Begr. v. P.Merker, W.Stammler. 2.Aufl. 1– Berlin 1955– (3:–Sk.1977)– HB 5 Sa 7401	4	Nur Literaturwiss.; besonders Formengeschichte alle Zeitabschnitte	---	int.	int.	x	x	x	--
1890–1915	Jahresberichte für neuere deutsche Literaturgeschichte. 1–26. Berlin 1892–1919. Forts.u.d.T.: HB 1 Ms 510	5	Literaturwiss. Zeitabschnitt: 15.Jh.– Zusätzlich: –Sprachwiss.: Neuhochdeutsch –Kulturgeschichte –Unterrichtswesen –Theatergeschichte	---	int.	int.	x	x	x	--
1921–39	Jber. über d. wiss. Erscheinungen auf d. Gebiet d. neueren dt. Literatur. Ges., Berlin NF. 1–19. Berlin 1924–56. HB 1 Ms 512									
1940–50	Jber. f. dt. Sprache u. Literatur. Dt.Akad.d.Wiss., Berlin 1–2: 1940–50. Berlin 1960–66. HB 1 Mr 5061									

Nr.	Berichtszeit	Beschreibung							
6	1945–	Bibliographie der deutschen Sprach- u. Literaturwissenschaft. Hrsg./Bearb.: H.W.Eppelsheimer, C.Köttelwesch. 1– Ffm 1957– 1–8 u.d.T.: B. d. dt. Literaturwiss. HB 1 Ms 535 Titelmaterial zusammengefaßt und vervollständigt in: — Sprachwissenschaft: 45–68: nicht erfaßt; 69–79: voll berücksichtigt; 80– : kleine Auswahl. Literaturwiss. alle Zeitabschnitte	---	int.	int.	---	x	x	x (s.u.)
7	1945–69 / 1945–72	Bibliographisches Handbuch der deutschen Literaturwissenschaft. Hrsg.: C.Köttelwesch. 1–3, Ffm 1971–79. 1: Bis zur Romantik. 2: 1830 bis Gegenwart. 3: Reg.: (a) Vf d. Sekundärlit. (b)Schriftsteller (c) Sachbegriffe. HB 1 Ms 703 — Literaturwiss. alle Zeitabschnitte. Unterschiedliche BER für 1 u. 2 !	---	int.	int.	---	x	x	x
8	1979–	IGB. – Internationale germanistische Bibliographie. Hrsg.: H.-A.Koch, U.Koch. 1980– München 1981– HB 1 Mr 5075 — Sprachwiss., Lit.wiss. alle Zeitabschnitte weite Konzeption: – lit. Volkskunde – Bildungswesen; Wissenschaftsgesch. mittel- u. neulat.	---	int.	int.	---	x	x	x
		Englische Philologie							
9	–1922	Kennedy, A.G.: Bibliography of writings on the English language. Repr. New York 1961. 517 S. HB 1 Mv 4785 — Sprachwissenschaft Zeitabschnitt: – 1920	---	int.	int.	---	x	x	x
10	–1967, gleitend –72	CBEL. – (The new) Cambridge bibliography of English literature. 1–5. Cambridge 1969–77. 1: 600–1660. 2:1660–1800. 3:1800–1900. 4:1900–1950. 5:Index. Ges.-Reg. nur f. Personen u. Sachbegriffe ! HB 1 Mv 7261 — Sprachwiss.: nur wenig in vol.1, Sp.53–186. Literaturwiss.: nur engl.-sprachige Lit. in England u. Irland, also ohne Amerika u. Kolonien Zeitabschnitt: –1950. Sekundärliteratur ohne FE!	---	int.	int.	---	x	x	x
11	1920–	Annual bibliography of English language and literature. 1– Cambridge 1921– HB 1 Mv 4040 MHRA: Modern Humanities Research Ass., London — Sprachwissenschaft Literaturwissenschaft alle Zeitabschnitte	---	int.	int.	---	x	x	x
12	1958–	AES. – Abstracts of English studies. 1– Boulder, Col. 1958– HB 1 Mv 4050 Univ. of Calgary, Kanada — Sprachwissenschaft Literaturwissenschaft alle Zeitabschnitte	R	int.	int.	---	x	x	x
13	1850–1940	Literary writings in America. A bibliography. 1–8. Millwood 1977. HB 1 Mw 7833 Univ. of Pennsylvania — Literaturwiss.: nur Lit. Nord-Amerikas :A–Z:Vf(d.Texte u. Sekundärliteratur) Zeitabschnitt: 1850–1940	A	N-Am.	engl.	---	x	x	x
14	1900–1975	Leary, L.: Articles on American literature. Durham, N.C. 1954–79. (1) 1900–1950. (2) 1950–67. (3) 1968–75. HB 1 Mw 7783 — Literaturwiss.: nur Lit. Nord-Amerikas alle Zeitabschnitte Enth. nur Zeitschriften-Aufs.	---	int.	engl.	---	x	x	x

BER	Zitiertitel, Kurztitel	Korporativer Träger	Lfd. Nr.	Inhalt: Thema Besonderheiten	A/R	GEO	SPR	U	FE	SE	K
1875–	Romanische Bibliographie. 1875/76– Halle 1877– (BER 1973/74. 1–3.'1981) – (=Suppl. zu: Zeitschr. f. roman. Philologie.) Ersch. aktuell als Zweijahresverz. in 3 Teilen. Teil 1: Gesamtreg.(a)A–Z:Vf(Sekundärl.) (b)A–Z:Rezensenten. (c)A–Z:SW(fast nur Personen!) HB 1 Mk 30	Romanistik : Gesamtgebiet	1	Sprachwissenschaft (Teil 2) Literaturwissenschaft:(T.3) BER 1971– ohne franz. Lit.wiss.(wegen Klapp, s.u.) alle roman. Sprachen: Rumän., Dalmatisch, Ital., Sardisch, Alpenromanisch, Franz., Okzitanisch, Katalanisch, Span., Inselspanisch, Amerikanisches Spanisch, Portugies., Brasilianisch	––	int.	int.	x	x	x	––
–1960	Bossuat, R.: Manuel bibliographique de la littérature française du moyen âge. Melun 1951–61. Grundwerk: –1948. HB 1 Ml 7545 Suppl. 1:49–53; 2:54–60.	Französische Philologie	2	Literaturwissenschaft Zeitabschnitt: Mittelalter	A	int.	int.	x	x	x	––
–1950 –1960 –1960	Cioranescu, A.: Bibliographie de la littérature française du 16. siècle. Paris 1959. HB 1 Mm 5422 ––: ··· du 17. siècle. 1–3. 1965–66.HB 1 Mm 5522 ––: ··· du 18. siècle. 1–3. 1969. HB 1 Mm 5622		3	Literaturwissenschaft Zeitabschnitt: 16.–18.Jh.	––	int.	int.	x	x	x	––
–1929 1930–39 1940–49	Thieme, H.: Bibliographie de la littérature française de 1800 à 1930. 1–3. Paris 1933. Forts.: Dreher, S./Rolli, M.: B. de la litt. franç. 1930–39. Genève 1948–49. 438 S. Drevet, M.L.: B. de la litt. franç. 1940–49. Genève 1954–55. 644 S. HB 1 Mm 5722		4	Literaturwissenschaft Zeitabschnitt: 1800–1930 Thieme: 1–2:A–Z:Schriftsteller. 3: Systematik. (a)Schriftsteller u. Ausgaben (b)Sekundärliteratur	––	int.	int.	x	·x·	·	·
–1927 gleitend mit E-Jahren	Talvart, H./Place,J.: Bibliographie des auteurs modernes de langue française. 1– (A–Z:Schriftsteller) Paris 1928– (22:–Mo.1976) – Vol.22 enth. Gesamtregister d. Illustratoren. HB 1 Mm 5721		5	Literaturwissenschaft Zeitabschnitt: 1801–1927 u. gleitend mit E-Jahr: vol.22: –1975 (a)Schriftsteller u. Ausgaben (b)Sekundärliteratur Zu jedem Schriftsteller ca. 1 Seite: Biographie u.Werk.	A	int.	int.	·	·x·	·	––
1940–48 –1949 –1950 usw. –1979	French VII (vol.5–: XX) bibliography. Critical and biographical references for the study of French literature since 1885. Vol.1– New York 1949– Trägt 3 Zählungen, davon 2 irrelevant! Issue 1:1940–48.'49(=Vol.1, No 1) 2:1949.'50. 3:1950.'51. usw. 32:1979('80,'vol.7,2) HB 1 Mm 5810 ff Ab Issue 2 handelt es sich praktisch um Jahresbände, jeder mit Nachträgen für mehrere Jahrzehnte! Je 5 Jahresbände bilden 1 "vol."!	MLA: Mod. Language Ass., USA "French VII" = Arbeitsgruppe f. franz.Lit.d.20.Jh. deshalb später XX!	6	Literaturwissenschaft Zeitabschnitt: 1885– Jahresband: (a)General subjects. (b)Author-subjects= A–Z:Schriftsteller. (c)Cinema.(!) Jahresbände ohne FE-Reg. für Sekundärlit.: hierzu erscheinen Mehrjahres-Gesamtregister.	––	int.	int.	x	x	x	x Reg

16

7 Literaturwissenschaft
alle Zeitabschnitte
Kritische Auswahl

Register je Band.

Cabeen, D.C.: Critical bibliography of French literature. 1- Syracuse 1947- Univ. of North Carolina, USA
1: Mediaeval period. Enlarged ed. 1952.
2: 16.century. 1956.
3: 17. " . 1961.
4: 18. " .1951. Suppl. '68
6: 20. " .1-3.1980. HB 1 Mm 4092

ca.-1951 / -1952 / -1959 / ca.-1967 / ca.-1975 — A int. int. x x x —

8 Literaturwissenschaft
alle Zeitabschnitte

Bibliographie der französischen Literatur- wissenschaft. Hrsg.: O.Klapp. Univ. d. Saarlandes
1(1956/58)- Ffm 1960-
Suppl. zu 1-6(1956-68): Sachregister. 1970. HB 1 Mm 4041

1956- — --- int. int. x x x --

9 Sprachwissenschaft
alle Zeitabschnitte

Soptrajanov, G.: Bibliographie analytique de la linguistique. Genève 1978. 237 S. HB 1 Mm 779

ca.1875-1974 — --- int. int. x x x --

10 Sprachwissenschaft
alle Zeitabschnitte
Referate auf den Rückseiten

BALF. - Bulletin analytique de linguis- tique française. 1- Paris 1969- Centre de re- cherche pour un Trésor de la langue française, Nancy HB 1 Mm 730

1969- — R int. int. x x! x --

11 Italienische Philologie
Sprachwissenschaft
alle Zeitabschnitte

Hall, R.A.: Bibliografia della linguistica italiana. 2.ed. Firenze 1958-
1-3: ca.1860-1956. Suppl.1:56-66; 2:66-76. HB 1 Mn 765

ca.1860- — A int. int. x x x --

12 Literaturwissenschaft
alle Zeitabschnitte
Je Berichtsabschnitt:
A-Z:Schriftsteller/ca.200 ital.SW.
(a)Schriftsteller u. Ausgaben
(b)Sekundärliteratur
Je Berichtsabschnitt:
A-Z:Vf/ST (Sekundärliteratur).
A-Z:ital. SW.

Prezzolini, G.: Repertorio bibliografico Casa Italiana, della storia e della critica della Columbia Univ., letteratura italiana. 1-2. New York 1930-36.
Forts.:
Repertorio bibliografico d. storia e. d. critica d. lett. ital. 1933-42. New York 1946-48.
---- . 1943-47. Firenze 1969. Facoltà di Magistero, Roma
---- . 1-2: 1948-53. Firenze 1953-60. HB 1 Mn 4040

1902-32 / 1933-42 / 1943-47 / 1948-53 — A int. int. x ·x· x· x --

13 Literaturwissenschaft
alle Zeitabschnitte
(a)Schriftsteller u. Ausgaben
(b)Sekundärliteratur

Dizionario critico della letteratura italiana. 1-3. Torino 1974. UTET, Torino HB 5 Ni 5169

-1972 — --- int. int. x ·x· x --

14 Literaturwissenschaft
alle Zeitabschnitte
Plan des Werkes:
I. Allg.Quellen. = Bd 1.2.
II. Kastilian. Lit. =Bd 3:MA. Bd 4- : A- :Schriftsteller des Siglo d'oro (16.Jh.) -(11::Hu)-
Noch nicht ersch.: III. Katalan.Lit. IV.Galiz.Lit. V.Bask.

Spanische Philologie
BLH o. Simón Díaz, J.: Bibliografia de la Inst."Miguel de Cervantes", literatura hispánica. 1- Madrid 1950- (10.1972) - Madrid
2.ed. 1960- : einzelne Bände. HB 1 Mo 6045

-1950 gleitend mit E-Jahren — --- int. int. x x x --

BER	Zitiertitel, Kurztitel	Korporativer Träger	Lfd. Nr.	Inhalt: Thema Besonderheiten	A/R	GEO	SPR	U	FE	SE	K
	Bildende Kunst, Archäologie										
-1906 gl. -1947	Thieme / Becker / Vollmer. - Allg. Lexikon der bildenden Künstler von der Antike bis zur Gegenwart. Hrsg.: U.Thieme, F.Becker, H.Vollmer. Lpz. 1907-50. 1-36: A-Z:Künstler. 37: Meister mit Notnamen, Monogrammisten. 1950.		1	Bildende Kunst / Archäologie / alle Zeitabschnitte / alle Länder: Ostasien nur die Bedeutendsten	--- ---	int. int.	int. int.	x x	--- ---	x x	-- --
-1953, gleitend	Vollmer, H.: ... des 20.Jh. 1-6. Lpz. 1953-62. A-Z:Künstler. HB 6 Aa 5070 / HB 6 Aa 5400			Bildende Kunst / Zeitabschnitt: ab ca.1870 Geborene, Wirkung 1.Hälfte 20.Jh.	---	int.	int.	x	---	x	--
-1979 1980-	Library catalog of the Metropolitan Museum of Art, New York. 2.ed. Boston 1980- Grundwerk: 1-45: A-Z. 46-48: Verkaufskataloge. A-Z. Suppl.1- HB 1 Na 2575	Metropolitan Mus.	2	Bildende Kunst / Archäologie / alle Zeitabschnitte / alle Länder	---	int.	int.	x	x / Kreuzkatalog	x	--
1889-	Archäologische Bibliographie. 1- Berlin 1889- Lücke: 1916-24. HB 1 Nw 375	DAI: Dt. Archäolog. Institut	3	Archäologie / Bildende Kunst / Zeitabschnitte: Vorgeschichte u. Altertum, frühes MA / Mittelmeerraum, Bezüge zu Mitteleuropa, Vord.Orient	---	int.	int.	x	x	x	--
1910-	Répertoire d'art et d'archéologie. 1-68(1910-1964). NS. 1(1965)- Paris 1910- Lücke 1914-19. HB 1 Na 1370	Comité Int. d'Histoire de l'Art; CNRS, Paris	4	Bildende Kunst / Archäologie / Zeitabschnitte: Spätantike, Mittelalter, Neuzeit bis 1939 / alle Länder	A	int.	int.	x	x	x	x
1929-	Art index. 1(1929/32)- New York 1933- HB 1 Na 7650	Wilson Co., New York	5	Bildende Kunst / Fotografie / Film / Archäologie / Stadtplanung / alle Zeitabschnitte, alle Länder	---	int.	int.	x	x / Kreuzverz.	x	x
	Musik										
-1940	Hofmeister. - Whistlings Handbuch der musikalischen Literatur. 3.Aufl. Hrsg.: A.Hofmeister. Lpz. 1844-1943. 1-3: Grundwerk. -1843. 4-19: Forts. 1844-1940.		6	Notendrucke / Musikwissenschaft: nur in FE und nur bis BER 1928.	---	aus dt.spr. Ländern	dt. (selten fremdspr.)	---	x	x	--
1852-	Hofmeisters Jahresverzeichnis. 1- Lpz. 1852- Jg 92(1943)- u.d.T.: JV d. dt. Musikalien u. Musikschriften.	Dt.Bücherei, Lpz.		Notendrucke / Musikwissenschaft							
1829-	Kurzes Verzeichnis ...(monatlich) 1-114, Lpz. 1829-1942. Jg 115- u.d.T.: Deutsche Musikbibliographie. III B.-Katalograum	Dt.Bücherei, Lpz.		Notendrucke / Musikwissenschaft							
-1949, gl.	MGG. - Die Musik in Geschichte und Gegenwart. 1-16. Kassel 1949- Grundwerk: 1-14. 1949-68. Suppl. 15,16. 1973,79. M.s.TS Hb 2000		7	Musikwissenschaft / Lexikon, ausführliche bibl. Angaben / (a)Komponisten u. Ausgaben / (b)Sekundärliteratur	---	int. int.	int. int.	x	.x	...x	--

Nr	Titel / Bibliographische Angaben	Institution	Inhalt	Zeitraum	Reg.
8	Bibliographie des Musikschrifttums. 1- Lpz. 1936- Mus LS Da 8000		Musikwissenschaft keine Notendrucke	ca.1933- gleitend mit E-Jahr	int. int. x x int. --- x x x
9	RILM. - RILM abstracts. Répertoire int. de la littérature musicale. 1(1967)- Kassel 1968- Mus LS Da 7900	Int.Musicological Soc.; Int.Ass. of Music Libraries	Musikwissenschaft keine Notendrucke	1967-	R int. int. x x int. --- x x x
10	Darstellende Kunst : Theater, Film, Fernsehen usw. Kosch, W.: Deutsches Theater-Lexikon. Biographisches u. bibliographisches Handbuch. Lfg 1- Klagenfurt 1951- (Lfg.21:Schl.1971) - Lfg 1-18=Bd 1-2. HB 6 Pa 6550		Theater: alle Sparten A- :Personen, Orte, wenige Werke u. Sachbegriffe (a)Autoren u. Ausgaben (b)Sekundärliteratur	-1951, gleitend mit E-Jahr	dt. dt. Sprachgebiet x · · · x x · · ·
11	Enciclopedia dello spettacolo. Roma 1954-68. Grundwerk: 1-9. 1954-62. Appendice di aggiornamento: Cinema. 1963. 173 S. Aggiornamento 1955-65. 1966. Indice - Repertorio. 1968. A-Z:Werktitel. HB 6 Pa 7000	Fondazione Giorgio Cini	Theater: alle Sparten; Zirkus Film (in Grundwerk u. Appendice 1963.) (a)Autoren u. Ausgaben, Werke über Indice (b)Sekundärliteratur	-1952,gl. -1962 1955-65	int. int. x x int. --- x x · · ° · · ·
12	Filmlexicon degli autori e delle opere. Roma 1958-74. Grundwerk: 1-7. 1958-67. Aggiornamenti 1958-71. 1973-74. HB 2 Ya 6004	Centro Sperimentale di Cinematografia, Roma	Film reines Personenlexikon biographische Artikel mit (a)Filmographie (b)Sekundärliteratur: nur für wichtigere Personen	-1958,gl. 1958-71	int. int. .x. x int. --- x x · · · · · · ·
13	NYPL-Theatre Coll. - New York Public Library. Catalog of the Theatre and Drama Collections. Boston 1967- P.1:Drama Coll. (a)Author listing. 1-6 u.Suppl.1- (b)Listing by cultural origin. 1-6. P.2:Theatre Coll(c)Books on theatre. 1-9 u.Suppl.1- HB 1 Mc 5134	NYPL, New York	Theater Film Fernsehen Zauberkunst Rundfunk (a) (b)A-Z:geogr.SW (c)Bücher u. Unselbständiges über alle genannten Fachgebiete Kreuzkatalog	Grundw.: -1966 Suppl.: 1966-	int. int. .x. ° int. --- x x · · · · · · ° · x x Kreuzkatalog
14	Theaterwissenschaftlicher Informationsdienst. Nr 1- Lpz. 1969- HB 1 Np 2700 Pro Jg 3-4 Nrn.	Theaterhochschule "Hans Otto", Lpz	Theater: Theaterwiss. und Textausgaben, -abdrucke in Auswahl Schwerpunkt: dt. Sprachkreis	1969-	R: int. int. x x int. --- x x x
15	Film literature index. 1- Albany, N.Y. 1973- HB 1 Jy 1650		Film Fernsehen Enth. nur Zeitschriften-Aufs., Bücher nur,wenn rezensiert	1973-	int. int. x x int. --- x x x Kreuzverz.

BER	Zitiertitel, Kurztitel	Korporativer Träger	Lfd. Nr.	Inhalt: Thema Besonderheiten	A/R	GEO	SPR	Erschließung U	FE	SE	K
	G e s c h i c h t e : Gesamtgebiet										
1926–	International bibliography of historical sciences. 1(1926)– Paris 1930– HB 1 0d 110	Int.Committee of Historical Sciences	1	Geschichte alle Epochen, alle Länder Umfassende Konzeption: mit hist.Hilfswiss., mit Ideen-, Religions- u. Kulturgeschichte, Anthropologie, Paläontologie, Völkerkunde, Rechts-, Wirtschafts- u. Sozialgeschichte	----	int.	int.	x	x	x	---
	A l t e r t u m : s. Tafel F										
	M i t t e l a l t e r : Europa										
–1928	Paetow, L.J.: A guide to the study of medieval history. Rev. ed. New York 1959. 643 S. Forts. u.d.T.:	Medieval Acad. of America	2	Geschichte: 500 - 1500 Byzantinistik -Geisteswiss. -Gesellschaftswiss.	----	int.	int.	x	x	x	---
1930-75	Boyce, G.C.: Literature of medieval history, 1930-75. 1-5. New York 1981. HB 1 0d 2027	"									
ca.1966–	IMB. - International medieval bibliography. 1967– Leeds 1967– HB 1 0d 2040	Medieval Acad. of America	3	Geschichte: 500 - 1500 Byzantinistik -Geisteswiss. -Gesellschaftswiss.	----	int.	int.	x	x	x	---
	N e u z e i t : alle Länder										
1955–	Historical abstracts. Bibliography of the world's periodical literature. 1– Vienna 1955– Jg 1-16(1970): Jg 17.1971– : P.A: Modern history abstracts. 17-18: Part P.B: Twentieth century abstr. 19(1973)–: HB 1 0d 3160		4	Geschichte: 15. - 20.Jh. zeitl. Begrenzung variiert: 1775 - 1945 A: 1775-1914. P.B:1914-70. A: 1450-1914. B:1914-73, gleitend mit E-Jahr ! Enth. nur Unselbständiges.	R	int.	int.	x	x Kreuz-reg.	x	x
–1968	Zeitgesch. / Stuttgart. - Bibliothek für Zeitgeschichte / Weltkriegsbücherei. Stuttgart. (Kataloge) Boston 1968. (1) Alphabet. Katalog. 1-11. (Vgl. B.krunde Nr 12) (2) Systemat. Katalog. 1-20. HB 1 0d 5206 HB 1 0d 5207 Als period. Forts.:	Bibliothek für Zeitgeschichte, Stuttgart	5	Geschichte: 20.Jh. speziell: internationale Entwicklung, Konflikte, Kriege, Militärwesen (1) (2) nur hier sind Zeitschriften und Unselbständiges verzeichnet ! Besondere Schriftenklasse: Flugblätter	----	int.	int.		x	x	---
1920–	Bibliothek für Zeitgeschichte. Jahres- bibliographie. 32(1960)– Ffm. 1961– Wechselnde Titel: 19.1939-31.1959 u.d.T.: Bücherschau der Weltkriegsbücherei. HB 1 0d 5208	"	6	Geschichte: 20.Jh. speziell: wie L 5	----	int.	int.	x	x	x	---

7   -1969
Hoover. - The library catalogs of the Hoover Institution on War, Revolution, and Peace. Boston 1969-
Grundwerk:(1)Western language collections. 1-63.
(2)Western language serials and newspapers.1-3.
(3)Arabic coll. (4)Turkish, Persian coll. (5)Chinese coll.
Suppl. 1- (Gliederung wie Grundwerk)
HB 1 0d 5220
— Geschichte: 20.Jh. Sozialwissenschaften Wirtschaftswissenschaft
(1)Western languages, Hauptteil = Vol.1-56.
1969-
(6)Japanese coll.
(Vgl. B.kunde Nr 14)
— int. int. x x — | Kreuzkatalog

8   1951-
Bibliographie zur Zeitgeschichte. 1- Stuttgart 1953-
(=Vierteljahreshefte für Zeitgeschichte. Beilage.) Rückwärtige Ergänzung:
Herre, F./ Auerbach, H.: B. zur Zeitgeschichte u. zum 2.Weltkrieg. München 1955. 254 S.
Inst. f. Zeitgeschichte, München
HB 1 0d 5109 - 5110
— Geschichte: 20.Jh. Schwerpunkt: 1917-45
erste Jgge thematisch stark auf Dtld konzentriert, spätere Jgge international, auch mit Binbeziehung noch des 19.Jh.
1945-50
— int. int. x x —

Deutschland : alle Epochen

9   -1960
Schottenloher, K.: Bibliographie zur deutschen Geschichte im Zeitalter der Glaubensspaltung, 1517-85. 2.Aufl. Stuttgart 1956-66.
1-5: Grundwerk. 6: Gesamtreg. 7: BER 1938-60.
HB 1 0e 3555
— Geschichte: 16.Jh. -Deutschland, Europa. -alle Lebensbereiche: Geisteswiss., Sozialwiss.
Anlage: 1-2: A-Z: Personen. A-Z: Orte, Landschaften. 3:Kaiser u. Reich. 4:Gesamtdarst., Stoffe.
— int. int. x x —

10   -1960
Dahlmann / Waitz. - Quellenkunde der deutschen Geschichte. 10.Aufl. Abschnitt 1- Stuttgart 1969-
Gliederung: 430 Abschnitte, erscheinen in Lfg.
1-57=Bd 1-2: Quellen, Hilfswiss., Lebensbereiche. 9.Aufl. 1931-32.
MPG. Inst.für Geschichte, Göttingen
HB 1 0e 56
— Geschichte: alle Epochen -Deutschland -alle Lebensbereiche: Geisteswiss., Sozialwiss. /58ff.:einzelne Epochen. /158ff.:Politische Gesch., Landesgeschichte. Aktueller Stand: keine FE !
— int. int. x --- (!) x —

11   1925- Lücke: 41-48
Jahresberichte für deutsche Geschichte. 1-15/16(1939/40). NF. 1(1949)- Lpz. 1927-
NF: Dt.Akad. d. Wiss., Berlin
HB 1 0e 110
— Geschichte: alle Epochen -Deutschland -1945 -alle Lebensbereiche: Geisteswiss., Gesellschaftswiss.
— int. int. x x —

12   Grundw.: -1966 Forts.: 1966-
Zeitgesch./München. - Bibliothek des Instituts für Zeitgeschichte, München. (Kataloge.) Boston 1967-
(1)Alphabet. Kat. 1-5. (2)Sachkat. 1-6.
(3)Länderkat. 1-2. (4)Biogr. Kat.
Inst. f. Zeitgeschichte, München
HB 1 0d 5210 - 5213
— Geschichte: 20.Jh. Schwerpunkt 1917-45 -Deutschland, auch andere Länder, vgl. Ländarkatalbg ! -Recht, Wirtschaft, Gesellschaft, Militärwesen (Vgl. B.kunde Nr 13)
— int. int. x x —

Deutschland : Landesgeschichte, Landeskunde

13   -1967
Keyser, E.: Bibliographie zur Städtegeschichte Deutschlands. Köln 1969. 404 S.
Int. Kommission f.Städtegeschichte
HB 1 0e 65
— Deutsche Städte, nach Reichsgrenze v. 1937
(1)Allg. (2)Dt.Länder; je Land: A-Z: Orte. (3)Reg.
— int.(dt.!) int. x x —

14   -1974
Wermke, E.: Bibliographie der Geschichte von Ost- u. Westpreußen. Königsberg 1933-78.
Hist. Kommission
HB 1 0g 7025
— Ostpreußen Westpreußen
— int. int. x x —

15   -1966
Berlin-Bibliographie. Bearb.: H.Zopf u.a. (1-2.) Berlin 1965-73.
Hist. Kommission
HB 1 0g 9025
— Berlin
— int. int. x x —

16   -1972
Heydt. - B. d. Württemberg. Geschichte. Bearb.: W.Heydt u.a. 1-11. Stuttgart 1891-1974.
Komm. f. geschichtliche Landeskunde
HB 1 0f 225
— Württemberg
— int. int. x x —

BER	Zitiertitel, Kurztitel	Korporativer Träger	Lfd. Nr.	Inhalt: Thema Besonderheiten	A/R	GEO	SPR	Erschließung U	FE	SE	K
-1929 1929-	London bibliography of the social sciences. 1- London 1931- Vol.1-4: Grundwerk. Vol.5- : Suppl.1- HB 1 Pa 70	London School of Economics	1	Recht Wirtschaft Politik Gesellschaft Zeitgeschichte Geographie Völkerkunde Hoher Anteil ADS.	----	int.	int.	---	x nur bis BER 36!	x	--
-1965	IWW/Kiel. - Bibliothek des Instituts für Weltwirtschaft, Kiel. (Kataloge.) Boston 1966-68. (1) Personenkat. 1-30. (2) Titelkatalog.1-13. (3) Körperschaften- katalog.1-13. HB 1 Qa 600 - 630	Inst. für Weltwirtschaft, Kiel	2	Recht Gesellschaft Politik Geographie: Wirtschaft Regionenkat. Verwaltung (4)Behördenkat.1-10. (5)Sachkatalog.1-83 u. SW-Reg. (6)Regionenkat.1-52. (7)StOK d.Period.1-6. Katalogsystem; in (1) - (4) Vereinigung von FE u. SE in einem Alphabet(=Kreuzverz.) Hoher Anteil ADS (Zweidrittel !) (Vgl. B.kunde Nr 16)	----	int.	int.	nicht in (2) (7)	x	x	--
ca.1895- 1965	Badenhoop, R.K.J.: Bibliographie zur Organisation von Staat, Verwaltung, Wirtschaft. 1-3. Köln 1966-68. HB 1 Re 5660		3	Staat: Organe, Parteien, Verbände, Religionsgemein- schaften, int. Organisationen Verwaltung Wirtschaft Gesellschaft Organisation	----	int.	dt. ====	x	x	x	--
-1964 1965-	U.S. Dpt. of Health, Education, and Welfare. Library. (Kataloge.) Boston 1965- Grundwerk: (1)Author/title cat. 1-21. (2)Subject cat. 1-20. Suppl.1- (Gliederung wie Grundwerk) HB 1 Xa 2165	US. Dpt. of Health, Education, and Welfare	4	Staat Gesellschaft: Recht -Sozialwesen Wirtschaft -Gesundheitsw. -Erziehungswesen (1)Author/title cat.: enth.einige SW-Einträge für Personen und Korporationen. Hoher Anteil ADS.	----	int.	int.	x nur im Grundw.	x	x	--
-1965 1965-	U.S. Dpt. of the Interior. Dictionary catalog of the Department Library. Boston 1967- Grundwerk: 1-37. Suppl. 1- HB 1 Os 225	US. Dpt. of the Interior	5	Staat Geologie: Recht Bodenschätze Wirtschaft: Gesellschaft: Landwirtsch. Indianer, Besiedlung Fischerei Hoher Anteil ADS und Naturschutz unveröffentlichtes Material	----	int.	int.	x nurKreuz- im katalog	x nurKreuz- im Grundw.	x	--
1905-67 L:44-49	Bibliographie der Sozialwissenschaften. Jg 1-59. Dresden 1905-67. HB 1 Pa 50 - 55 Forts. als: B.		6	Staat Wirtschaft Recht Gesellschaft der Wirtschaftswiss. Vgl. Q 10	----	int.	int.	x	x	x	--
1917-	Internationale volkskundliche Biblio- graphie. International folklore and folklife bibliography. 1917- Berlin 1919- HB 1 Oy 375 1917-47 u.d.T.: Volkskundl. B.	Société Int. d'Ethnologie et de Folklore	7	Volkskunde: Wirtschaft, Handwerk Gesellschaft Sprache, Literatur, Musik, Künste, Religion Astrologie, Alchemie, Magie, Aberglaube	----	int.	int.	x	x	x	--

Nr	Sachgebiet	R							Titel / Erscheinen	Hrsg. / Verlag	Berichtszeit
8	Bevölkerung: Statistik ; Politik Gesellschaft; Familienplanung, Sterblichkeit Geographie; Länderkunde ; Wirtschaft	----	int.	x	x	x	-	Population index. 1- Washington 1935- 1-2 u.d.T.: Population literature. Statistik-Quellen zuletzt: 46.1980, H.4. HB 1 Ph 600	Population Ass. of America, Washington, D.C.	1935-

9	(1): Soziologie
	   Int. Beziehungen, Staat,
	   Politik, Wirtschaft, Gesellschaft
	(2): Wirtschaft, Sozialpolitik
	(3): Politik
	   Int. Beziehungen, Staat, Recht
	(4): Anthropologie, Völkerkunde
	   Gesellschaft, Religion, Magie, Künste
		----	int.	x	x	x	-	International bibliography of the
								social sciences. 1960- London 1962-
								4 Teile, die vor 1962 selbständig erschienen:
								(1) Int. b. of sociology. HB 1 Pb 50
								(2) Int. b. of economics. HB 1 Qa 70
								(3) Int. b. of political sciences. HB 1 Po 50
								(4) Int. b. of social and cultural
								    anthropology. HB 1 Oz 375
									UNESCO	1951-
										1952-
										1952-
										1955-

10	Anthropologie nur Zsn-Aufsätze -Archäologie -Völkerkunde -Linguistik	----	int.	x	erst ab 1973 x	x	-	Anthropological index. To current periodicals in the Libr. of the R. Anthropol. Inst. 1(1963)- London 1963- HB 1 Oz 2000	Royal Anthropolo- gical Institute, London	1963-

11	Recht
	Politik Psychologie
	Wirtschaft Pädagogik
	Gesellschaft Anthropologie
	                 Völkerkunde
	(a):zitierende Lit., nur Lit.-Liste
	    Unselbständiges
	(b):zitierte Lit., alle
	    Schriftenklassen
		Lit.-Liste
		---- 	
			int.
			int.
				x	x	x	x
							x
								SSCI. - Social sciences citation index.
								1973- Philadelphia 1973-
								Seit 1973 lfd.; zusätzlich rückwärtige
								Ergänzungen: 66-70; 71-75. Je Berichtsabschnitt:
								(a) Source index, Permuterm subject index.
								(b) Citation index, Corporate author cit. ind.
								Teile zu (b) ohne rückwärtige Berichtsgrenze.
								                      HB 1 Gw 5330
									ISI,
									Philadelphia, Pa.
									(Vgl. B.kunde Nr 139)
										1966-

12	Frauenfrage: Recht,
	  Wirtschaft, Gesellschaft,
	  Politik
	-Deutschland und Ausland
	Forts.: ohne Annotationen, mit fremdspr. Lit., mit
	  Unselbständigem.
		A:
		nur
		im
		Grundw.
			int.
			=====
				dt.
				=====
					x	-	-	F r a u e n f r a g e
								Die Frauenfrage in Deutschland. Hrsg.:
								H.Sveistrup, A.v.Zahn-Harnack u.a.
								2.Aufl. Tübingen 1961-
								Grundwerk: 1790-1930. 2.Aufl. Tübingen 1961.
								Forts.: 1931-80. München 1982. (Kumuliert
								ursprüngliche Suppl.-Bde 2-9.) HB 1 Pu 6150 - 6151
									Dt.Akademikerin-
									nenbund
										1790-

13	Frauenfrage: Recht,
	  Politik, Gesellschaft,
	  Wirtschaft, Geschichte
		A	int.	engl.
				=====
					x	x	-	Krichmar, A.: The women's movement in the Seventies.
								Metuchen, N.J. 1977. 875 S. HB 1 Pu 6130
										1970-76

14	Frauenfrage: Recht,
	  Politik, Gesellschaft,
	  Wirtschaft, Geschichte
		A	int.	engl.
				=====
					x	x	-	Rosenberg, M.B. u.a.: Women and society.
								1-2. Beverly Hills 1975-78.
								                      HB 1 Pu 6320
										-1977

15	Freimaurer Ähnliche Geheimgesellschaften -Geschichte -Organisation, Praxis -Religion, Philosophie	A	int.	int.	x	x	-	F r e i m a u r e r Wolfstieg, A.: Bibliographie der freimaurerischen Literatur. 1-2 u. Reg.Bd u. Erg.Bd 1. Lpz. 1911-26. (Nachdr. 1-4. 1964.) Grundwerk: 1-2 u. Reg.Bd. Erg.Bd 1: Enth. Nachtrag u. Fortsetzung ! HB 1 Ox 9912		-1910 -1925

BER	Zitiertitel, Kurztitel	Korporativer Träger	Lfd. Nr.	Inhalt Thema Besonderheiten	A/R	GEO	SPR	Erschließung U	FE	SE	K
	A l l e R e c h t s s y s t e m e										
-1912	Katalog der Bibliothek des Königlichen Kammergerichts in Berlin. Neue Bearb. Stand: 1.2.1913. 1-2. Berlin 1913. HB 1 Re 532	Kgl.Kammergericht Berlin	1	Rechtswiss.: -römisches Recht, deutsches Recht, Völkerrecht Staatswiss., Wirtschaftswiss.	---	int.	int.	x	x	--	--
-1968 1968-	Dictionary catalog of the Columbia University Law Library. Boston 1969- Grundwerk: 1-28. Suppl.1- HB 1 Ra 544	Columbia Univ. Law Libr., New York	2	Rechtswiss.: -alle Rechtssysteme Unselbständiges: im Grundw. nur durch selbständige Sonderdr. enth., im Suppl. nichts Unselbständiges (Vgl. B.kunde Nr 15)	---	int.	int.	x	x nur Kreuz-Katalog be-dingt	x	--
1790-	Szládits, C.: Bibliography on foreign and comparative law. Books and articles in English. 1- New York 1955- (5:1972-77) - HB 1 Ra 300	Parker School of Foreign and Comparative Law, Columbia Univ., New York	3	Rechtswiss.: -vergleichend, -**alle** Rechtssysteme außer: (1)anglo-amerikan. Recht (2)römisches Recht im Altertum	A	int.	engl. ====	x	x	x	--
1945-	Dau, H.: Bibliographie juristischer Festschriften und Festschriftenbeiträge. (1:1945-61)- Karlsruhe 1962- (4:1975-79)- HB 1 Re 690 - 691		4	Rechtswiss.: -alle Rechtssysteme Enth. nur Festschriftenbeiträge	---	int.	int.	x	x	x	--
-1965	Catalog of international law and relations. 1-20. Cambridge, Mass. 1965-67. HB 1 Rc 532	Harvard Law School Library	5	Rechtswiss.: -Völkerrecht, internationales Recht Internationale Beziehungen: -Recht, Politik, Wirtschaft	---	int.	int.	x	x Kreuz-Katalog	x	--
1960-81	Annual legal bibliography. 1-21. Cambridge, Mass. 1961-81. Erscheinen eingestellt. HB 1 Ra 540	"	6	Rechtswiss.: -alle Rechtssysteme	---	int.	int.	x	--- (!)	x	--
1960-	Index to foreign legal periodicals. 1- London 1961- HB 1 Ra 731	Am.Ass. of Law Libraries	7	Rechtswiss.: -alle Rechtssysteme außer anglo-amerikan. Recht Enth. nur Zeitschriftenaufs.; Mono. nur, wenn rezensiert	---	int.	int.	x	x	x	x
	D e u t s c h e s R e c h t										
ca.1850-1950	Planitz, H./ Buyken, T.: Bibliographie zur deutschen Rechtsgeschichte. Grundw. u. Reg.-Bd. Ffm. 1950-52. HB 1 Rb 4915		8	Rechtsgeschichte -Vorgeschichte, Mittelalter (-ca.1550) Kirchenrecht, rechtl. Volkskunde, hist. Hilfswiss. U: nur aus Festschriften u. Sammelwerken, keine Zsn-Aufs.	---	int.	int.	x	x	--	--

				int.	dt.				
					engl.				

9 | ca.1918–

Bibliographie des deutschen Rechts in englischer und deutscher Sprache.
Grundwerk: BER –1963.
Erg.Bde. 64–68; 69–73; 74–78.
Karlsruhe 1964–   HB 1 Re 299

Rechtswiss.:
–Deutschland
–Europäische Gemeinschaft
–internationales Recht u.
 andere Rechtssysteme
–Rechtsvergleichung, Rechtsgeschichte

int. | ---- | x | x | x |

10 | 1965–

KJB. – Karlsruher juristische
Bibliographie. 1–
München 1965–

Bibliothek des
Bundesgerichtshofs,
Karlsruhe
          HB 1 Re 301

Rechtswiss.:
–antikes Recht
–deutsches Recht
–Völkerrecht   –Kirchenrecht
Staatswiss., Gesellschaftswiss.: Deutschland
Keine Gesetze, Verordn.; keine Entscheidungen; keine Rez.

int. int. | ---- | x | x | x | x
(dt.)

11 | 1914–37

Schlegelberger/Hoche. – Das Recht der Neuzeit.
1914–37. 12.Aufl. Bearb.: W.Hoche. Berlin 1937. 446 S.
          HB 10 Ea 2632

Deutsches Recht: Gesetze, Verordnungen
Deutsches Recht: Gesetze, Verordnungen, Rechtsvorschriften

12 | 1949–64

Fundstellen der Bundesgesetzgebung
und Fortschreibung der Sammlung des
Bundesrechts. 14.Aug.: Stand 1.1.65.
Bonn 1965. 156 S.   HB 10 Ea 2615
Forts. als Beilage zum Bundesgesetzblatt:
Fundstellennachweis.
A: Bundesrecht.   HB 10 Ea 2615
B: Völkerrechtl. Vereinbarungen. HB 10 Cd 3106

Bundesminister
der Justiz,
Bonn

–nur Bundesrecht u. völkerrechtl. Vereinbarungen
(a)Sachgruppen. (b)A-Z:SW.

13 | ca.1910–
  –81,
jährlich
gleitend

Schlegelberger/Friedrich. – Das Recht der
Gegenwart. Bearb.: W.J.Friedrich. 13.Aufl.
Stand: 1.1.82. München 1982. Loseblattausgabe.
          HB 10 Ea 2635

–nur Bundesrepublik: nur Bundesrecht u. völkerrechtl.V.;
  nur das geltende Recht

–nur Bundesrepublik, Berlin(West)
–Bundesrecht und Länderrecht
–nur geltendes Recht

14 | ca.1945–

NJW-Fundhefte. – Neue juristische Wochenschrift.
Fundhefte. Abt. 1–6. München 1950–
Abt.1: Strafrecht. BER 48–58.   HB 10 Em 1155
     2: Zivilrecht. BER 45–   HB 10 Eb 658
     3: Öffentl. Recht. BER 48– HB 10 En 328
     4: Wiedergutmachungsr.BER 45–56. HB 10 Ep 8797
     5: Arbeitsrecht. BER 45–   HB 10 Eu 655
     6: Steuerrecht.   BER 49–   HB 10 Es 658

Entscheidungen

Deutsches Recht: Entscheidungen (Rechtsprechung)
–nur Bundesrepublik, Berlin(West)
Angabe der ⎰(1)Entscheidung: Gericht, Datum, Aktenzeichen.
          ⎱(2)Abdruckstelle: bibliogr. Angaben
            (3)Sekundärliteratur.
Ordnung nach Gesetzen u. Paragraphen. Sachregister.

15 | 1968

Kirchner, H.: Abkürzungsverzeichnis der
Rechtssprache. 2.Aufl. Berlin 1968. 499 S.
Gliederung: (a) A–Z: sämtliche Abkürzungen.
            (b) Empfehlungen für Abkürzungen: Sachgruppen.
          HB 10 Ea 2775

Abkürzungen

Deutsche Rechtssprache
Abkürzungen für:
–Gesetze, Verordnungen, Rechtsvorschriften
–Behörden, Körperschaften
–Gesetzblätter, Amtsblätter, Fachzeitschriften
–juristische Fachbegriffe

16 | 1926–

Index to legal periodicals. 1(1926–28)–
New York 1928–   HB 1 Rq 726

Anglo-amerikanisches Recht

Am. Ass. of
Law Libraries

Rechtswiss.: anglo-am.Recht ---- int. engl. x | x | x
Staatswiss.; nur Zeitschriften-Aufs.; Mono. nur mit Rez.

BER	Zitiertitel, Kurztitel	Korporativer Träger	Lfd. Nr.	Inhalt: Thema / Besonderheiten	A/R	GEO	SPR	U	FE	SE	K
	P o l i t i k										
-1908	Stammhammer, J.: Bibliographie des Socialismus und Communismus. 1-3. Jena 1893-1909. 1-2: A-Z:Vf/Anon. 3:Nachtr.;Gesamtreg.: A-Z:Sw. HB 1 Pr 3150		1	Politik: beide Bewegungen in allen Verzweigungen / Wirtschaft / Gesellschaft — U: ohne Seitenangaben! Enth. Flugschriften u.ä.	---	int.	int.	x	x	x	--
-1972 -1975	Bracher, K.D./ Jacobsen, H.-A.: Bibliographie zur Politik in Theorie und Praxis. Düsseldorf 1970-73. Grundwerk:-1969; Erg.Bd: 69-72. Neuaufl. in 1 Bd: 1976. Enth. nicht alle Titel d. Grundwerks! HB 1 Po 400 - 405		2	Politik — Geschichte: 20.Jh.	---	int.	int.	---	x	x	--
1950-	International political science abstracts. 1(1950/51)- Oxford 1952- HB 1 Po 70	Int. Political Science Ass., Paris	3	Politik / Staat — Enth. nur Zeitschriftenaufs.	R	int.	int.	x	x	x	--
1952-	Int. b. of political sciences.			Vgl. N 9							
1965-	Poldok. - Politische Dokumentation. 1- München 1965- HB 1 Po 100	LPD: Leitstelle Politische Dokumentation, FU Berlin	4	Politik / Staat — Enth. nur Zeitschriftenaufs.	R	int.	dt. =====	x	x	x	x
	W i r t s c h a f t										
-1965	IWW / Kiel			Vgl. N 2							
ca.1800- 1974	U.S. Department of Labor. Library catalog. 1-38. Boston 1975. HB 1 Qa 305	US. Dpt. of Labor	5	Arbeitsverhältnisse: Arbeiterbewegung / Recht, Wirtschaft, Gesellschaft	---	int.	int.	x	x (Kreuz-katalog)	x	--
1885- 1964 1945-	Bibliographie des Handwerks und Gewerbes (einschl. Small Business). Münster 1945- "Gruppe D": Dissertationen. Mehrjahresverz. "Gruppe J": Bücher, Broschüren, Beiträge, Aufsätze. Jahresverz. HB 1 Qe 500 - 505	Seminar f. Handwerkswesen, Münster	6	Handwerk, Gewerbe: / Wirtschaft, Recht, Geschichte / Berufsbildung / Kunsthandwerk	---	BRD	dt. =====	x	x	x	--
1952-	Int. b. of economics.			Vgl. N 9							
1957-	International labour documentation. Boston 1958- (1) Subject index. 1957-64. Forts. mit vollständiger Erschließung: (2) Cumulative edition. 1965-69; 70-71; 72-76; HB 1 Qb 4700 - 4710	ILO: Int.Labour Office, Genf	7	Arbeitsverhältnisse: Recht / Wirtschaft / Gesellschaft	---	int.	int.	x	(1) --- (2) x	x	--

8	Business periodicals index. 1958– New York 1958– Wilson Co., New York HB 1 Qa 200	Wirtschaft Enth. nur Zeitschriftenaufs., Mono. nur durch Rezensionen	---	int.	---	x	x	x	---
9	IBZ. - Internationaler betriebswirtschaftlicher Zeitschriftenreport. 1– Düsseldorf 1967– HB 1 Qn 70	Wirtschaft: Betriebswirtschaft Steuerrecht Enth. nur Zeitschriftenaufs.	R: nur für 15% der Titel	int.	int.	x	x	x	---
10	Bibliographie der Wirtschaftswissenschaften. 60.1968– Göttingen 1971– Jg 1–59 als: B. d. Sozialwissenschaften. (Vgl. N 7) HB 1 Pa 60	Inst. f. Weltwirtschaft, Kiel Wirtschaft	---	int.	int.	x	x	x	---
11	Economic titles/abstracts. 1– The Hague 1974– HB 1 Qa 55	Ministry of Economic Affairs, The Hague Wirtschaft	A	int.	int.	x	x	x	---

Gesellschaft

12	Stammhammer, J.: Bibliographie der Social-Politik. 1–2. Jena 1896–1912. 1: –1895. 2:1895–1911 u. Ntrge. HB 1 Pn 20	Gesellschaft: Sozialpolitik Arbeitsverhältnisse, Wohlfahrtspflege Wirtschaft U: ohne Seitenangaben!	---	int.	int.	x	x	x	---
13	Eberlein, A.: Die Presse der Arbeiterklasse und der sozialen Bewegungen. 1–5. Ffm. 1968–70. 1–4: A–Z:ST(Dtld, Ö; Schw.) 4, S.2013–2122: A–Z: dt. ST aus anderen Ländern. HB 1 Go 6685	Arbeiterbewegung andere soziale Bewegungen Nur Periodika, auch Betriebs- u. Ortszeitungen, Flugblätter, Kalender, Almanache, Tätigkeitsberichte, Versammlungsprotokolle	---	Dtld., dt.; Österr., Schweiz =====		x	---	
14	Alfabetische catalogus van de boeken en brochures van het Internationaal Instituut voor Sociale Geschiedenis, Amsterdam. Boston 1970– Grundwerk: 1–12. Suppl. 1– (=Forts. u. inhaltl. Ergänzung !) HB 1 Pa 80 (Vgl. B.kunde Nr 17)	Int. Inst. voor Sociale Geschiedenis, Amsterdam Gesellschaft: Arbeiterbewegung Sozialgeschichte Wirtschaft , Politik Im Grundwerk fehlende Sachkomplexe werden in den Suppl. verzeichnet: Suppl.1: Tschechoslowakei, Bulgarien Suppl.2: Ukraine, Griechenland, Süd-Amerika. FE: Sachtitel nach PI, mit gewissen Korp.-Einträgen, derselbe Verfasser eventuell unter verschiedenen Namensformen angesetzt (Vorlageformen) !	---	int.	int.	x	x	x	---
	Int. b. of sociology	Vgl. N 9							
15	Sociological abstracts. 1– New York 1952– {1.} Hauptteil. {2.} Supplemente, unregelmäßig, gezählt: enthalten weitere Referate, insbesondere von Kongreßbeiträgen HB 1 Pb 100	Int. Sociological Ass., u.a. Soziologie alle "Bindestrich"-Soziologien Enth.: Zeitschriftenaufsätze Rezensionen Kongreßbeiträge, auch unveröffentl.	R	int.	int.	x	x	x	---

Spaltenköpfe rechts: int. / engl.===== x x(!) x ---

BER	Zitiertitel, Kurztitel	Korporativer Träger	Lfd. Nr.	Inhalt: Thema Besonderheiten	A/R	GEO	SPR	Erschließung U	FE	SE	K
-1961	Research catalogue of the American Geographical Society. Boston 1962- Grundwerk: 1-15 u."Map Suppl."(=Reg. der regional numbers). HB 1 Vd 462	Am. Geographical Society, New York	1	Geographie Geo-Wissenschaften keine Karten, keine Biographien Grundwerk: 1-2: Topical numbers 1-9=Systemat. Geographie 3-15: Regional numbers 1-52: Länder. Die Gliederung des einen Teils wird in anderen "gespiegelt", zur Untergliederung verwendet.	----	int.	int.	x	--(!)	x	--
1962-	Suppl. 1- Lfd. Forts. durch Zugangsliste:										
1938-	Current geographical publications. 1- New York 1938- Zsn 25 412	"	2	Inhalt u. Gliederung wie oben; zusätzlich Karten, Biographien	----	-	-	-	-	-	--
1891-	BGI. - Bibliographie géographique internationale. 1- Paris 1891- HB 1 Vd 200	IGU: Int. Geographical Union; Unesco u.a.	3	Geographie Geo-Wissenschaften keine Karten	A 77-: R	int.	int.	x	x	x	--
1966-73	Documentatio geographica. 1966-73. Bad Godesberg 1967-74. HB 1 Vd 201	Inst.f.Landeskunde, Bad Godesberg	4	Geographie Geo-Wissenschaften keine Karten	----	int.	int.	x	x	x	--
1974-	Vollständige Änderung der Konzeption: Dokumentation zur Raumentwicklung. 1974/75- Bad Godesberg HB 1 Vd 8100	Bundesforsch.Anst. f.Landeskunde u. Raumordnung,Bonn	5	Sozialgeographie, Regionalplanung: - Deutschland/BRD - nur selten Ausland Umwelt Keine Karten	----	int.	int. (dt.)	x	x	x	--
1966- 1966- 1972- 1974-	Geo abstracts. London 1966- C: Economic geography. D: Social and historical geography. F: Regional and community planning. G: Remote sensing, photogrammetry and cartography. C.D.F: HB 1 Vd 350 G: Kart LS Ca 3071		6	Für die Teile A. B. E. vgl. W 3 C: Wirtschaftsgeographie, Verkehr, Landwirtschaft D: Historische Geographie. Sozialgeographie, Archäologie, Kulturgeschichte F: Regionalforschung, Raumplanung, Umwelt G: Fernerkundung (durch Satelliten), Kartographie Keine Karten	R	int.	int.	x	x	x	x
	Karten, Atlanten, Globen ; Kartographie										
-1970	NYPL/Map Div. - New York Public Library. The Research Libraries. Dictionary catalog of the Map Division. 1-10. Boston 1971. Kart LS Ca 2603.	NYPL, New York	7	Karten Atlanten Globen Enth. auch handschriftl. Karten Kartographische Literatur	----	int.	int.	x	x Kreuzkatalog	x	--
-1964 1965-	BM/Maps. - Catalogue of the printed maps, charts, and plans. London 1967- Grundwerk: Ed. to 1964. 1-15 u. ungez.Bd."Corrections, add." Suppl.: 1965-74; - Kart LS Ca 2003.	BM / BL, London	8	Karten Atlanten Globen Kartographische Literatur	----	int.	int.	--	x Kreuzkatalog	x	--

Zeit	Nr.	Stelle	Titel / Signatur	Inhalt	A	int.	int.	x	x Kreuzkatalog	x	--
-1967 1968-	9	Am. Geographical Society, New York	Index to maps in books and periodicals. Map Department, American Geographical Society. Boston 1968– Grundwerk: 1–10. Suppl. 1– Kart LS Ca 2604	Karten: nur Unselbständiges aus Büchern u. Zeitschriften	A	int.	int.	x	x	x	--
1946-(-75)?	10	CNRS, UNESCO, Union Géographique Internationale	Bibliographie cartographique internationale. 1(1946-47) – 28.1975. Paris 1949-79. Erscheinen eingestellt; Forts. geplant. Kart LS Ca 2010	Karten Atlanten Globen 28.1975: P.1: Erde, Europa. P.2: Afrika, Amerika. P.3: Asien, Ozeanien, Polargebiete	A	int.	int.	-----	x	x	--
-1982, Lieferbares	11	Fa. Geo Center, Stuttgart	Geo Katalog. 1982. Stuttgart 1982. Bd 1: Touristische Veröffentl. Bd 2:(Loseblattausg.) Wissenschaftl. u. thematische Veröffentl. T.1: Europa. T.2: Außer-Europa. Kart LS (4° u.8° Kart 8436)	Barsortimentskatalog: Karten, Atlanten, Globen Geographie: Handbücher, Reiseführer Geo-Wissenschaften	A	int.	int.	-----	X		--
1957-	12	SBPK: Staatsbibliothek Pr.K., Berlin (W)	Bibliographia cartographica. 1(1974)– München 1975– Vorgänger u.d.T.: Bibliotheca cartographica. 1.1957 – 29/30.1972. Kart LS Ca 3052 – 3056	Nur kartographische Lit. Keine Karten	-----	int.	int.	x	x	x	--

N a m e n v e r z e i c h n i s s e : Länder,

Zeit	Nr.	Stelle	Titel / Signatur	Inhalt	A	int.	int.	x	x Kreuzkatalog	x	--
	13	Orbis Latinus. – Graesse, Benedict, Plechl.	Orbis Latinus. Lexikon lateinischer geographischer Namen des Mittelalters u. d. Neuzeit. Großausgabe. 1–3. Braunschweig 1972. HB 14 Da 480	Orte, Flüsse, Seen, Berge usw. Lateinische geogr. Namen: – Altertum A–Z: lat. Namen. – Mittelalter Gibt modernen Namen, Provinz, Land. – Neuzeit Keine bibliogr. Angaben	int.						
	14	Columbia Univ. Press; American Geographical Soc.	Lippincott. – The Columbia Lippincott gazetteer of the World. New York 1962. HB 14 Da 450	Moderne geogr. Namen Keine bibliogr. Angaben A–Z: mod. Namen. Gibt Schreibung, Aussprache, geogr. Position, charakteristische Daten	int.						
	15		Müller: Ortsbuch. – (Joachim) Müllers Größes deutsches Ortsbuch. Bundesrepublik Deutschland. 19.Aufl. Wuppertal 1977. 1060 S. HB 14 Da 458	Orte in der BRD: A–Z: Ortsnamen. Gibt Einwohnerzahl, Postleitzahl, Bahnanschluß, Land; weitere Verwaltungszuständigkeit. Keine bibliogr. Angaben. Frühere Aufl.: mit DDR.	BRD						

BER	Zitiertitel, Kurztitel / Korporativer Träger	Lfd. Nr.	Inhalt Thema Besonderheiten	A/R	GEO	SPR	U	FE	SE	K
-1850	Indices naturwissenschaftlich-medizinischer Periodika bis 1850. Hrsg.: A.Geus. 1- Stuttgart 1971- HB 1 Gw 325	1	Naturwissenschaften Medizin Enth. nur Zeitschriften-Aufs.	---	aus Dtld.	dt. =====	x	x	x	---
1800-1914	Catalogue of scientific papers. Vol.1-19. London 1867-1925. 1-6: Grundw.: 1800-1863. 7-11: Suppl. 1864-73; 74-83. 12: Suppl. 1800-1883. 13-19: Suppl. 1884-1900. Subject index. 1800-1900. Vol.1-3. 1908-14. Forts. u.d.T.: Int. cat. of scientific literature. 1900-1914. Vol. 1-14. London 1902-19 HB 1 Gw 1150 / Royal Society, London	2	Naturwissenschaften (Technik: nur selten, wenn grundsätzlich bedeutend) Medizin Nur Aufsätze aus Periodika! Recherche: Vol.12 mit Ntrg zum Grundw.! SE: unvollständig; nur 3 von 17 vols erschienen: Mathematik, Physik	---	int.	int.	x	x	x un-voll-st.	---
-1962	Poggendorf, J.Chr.: Biographisch-literarisches Handwörterbuch zur Geschichte der exacten Wissenschaften. 1- Lpz. 1863- 1-6: -1857; 58-83; 1883-1903; 04-22; 23-31. 7a, 1-4: deutschsprachige Personen: 32-53. 7a, Suppl.: Ntrg zu 1-6 !! 7b, 1-(7)-: Ausländer: 32-62. HB 12 Wa 4502	3	Naturwissenschaften: nur die "exacten", d.h. -Mathematik -Geowiss. -Physik -Technik -Chemie Typ: Gelehrtenlexikon mit bibliographischen Angaben	---	int.	int.	x	x	x	---
-1966	John Crerar Library, Chicago. (a) Author-title catalog. 1-35. (b) Classified subject catalog. 1-42. Boston 1967. HB 1 Tw 208 / John Crerar Libr., Chicago	4	Naturwissenschaften Technik Medizin Geschichte d. Naturwiss., Technik, Medizin Recherche: Subject cat. Vol.42: Subject index. (Vgl. B.kunde Nr 19)	---	int.	int.	x	x DDC	x	---
1913-	Isis. - Isis cumulative bibliography. 1- London 1971- 1913-65. Vol.1-3. 1971-76. 1966-75. Vol.1- 1980- HB 1 Tw 376	5	Geschichte der -Naturwiss., Technik, Medizin -Pseudowiss.: Alchemie, Astrologie -Anthropologie, Psychologie, Psychiatrie, Sozialwiss.	---	int.	int.	x	--- (!)	x	---
1946-	GRA / GRI. - Government reports. Announcements and index. 71.1971- Springfield, Va. 1971- 1.1946-70.1970 u.d.T.: USGRDR. US. Government. Research and development reports. HB 1 Eg 5100 / NTIS: Nat. Technical Info.Service. (USA)	6	Naturwissenschaften, Technik Medizin, Sozialwiss. Enth. nur Reports Report-Nr-Register	R	aus USA	engl. =====	x	x	x	---

1961–

7 SCI. - Science citation index. ISI, Philadelphia.
Philadelphia 1961–
(a) Source index; Corporate index;
    Permuterm subject index.
(b) Citation index; Patent citation ind.
    Teile zu (b) ohne rückwärtige
    Berichtsgrenze !
                              HB 1 Gw 5300

Naturwissenschaften, Technik,
Medizin   (Vgl. B.kunde Nr 138;
Geschichte d. Naturwiss.   Abbildungen , S.172–181)
Psychologie, Psychiatrie
Erschließt Zitierzusammen–
hänge
(a) zitierende Lit.: nur   int.   x   x   x   x
    Unselbständiges   int.   x   x   x   x
(b) zitierte Lit.: alle   int.   x   x   —   x
    Schriftenklassen

1964–

8 Interdok. Directory of published proceedings.
Ser. SEMT: Science, engineering, medicine, technology.
1.1965/66–   Harrison, N.Y. 1965–
                              HB 1 Ea 805

Naturwiss., Technik, Med.   int.   x   x   x   x
Enth. nur Kongreßberichte
                     (Vgl. B.kunde Nr 144)

1966–

9 DAI. - Dissertation abstracts inter-
national. 27.1966/67: Reihe B:
The sciences and engineering.
Ann Arbor 1966–   HB 1 Dl 1280

University Micro–
films Int.,
Ann Arbor

R aus   engl.
   N-Am., =====
   wenig
   int.
(Vgl. B.kunde Nr 156)

Naturwissenschaften   x   x   x   —
Technik, Medizin
Psychologie
Enth. nur Dissertationen

1973–

10 Conference papers index. 1–
Louisville 1973–
1–5 u.d.T.: Current programs.
                              HB 1 Ea 820

CSA: Cambridge
Scientific Abstr.,
Bethesda, Md.

Naturwiss., Technik, Med.   int.   x   x   x   —
Erschließt Inhalt von Kon-
greßber., sämtliche Papiere
eines Kongresses !

1978–

11 ISTP. - Index to scientific and technical
proceedings.   Philadelphia 1978–
A n l a g e   wie ISSHP (B 11).
                              HB 1 Ea 850

ISI,
Philadelphia

Naturwiss., Technik, Med.   int.   x   x   x   —
Psychologie, Psychiatrie
Erschließt Inhalt von
Kongreßberichten

1898–

H i n w e i s e   a u f   V e r z e i c h n i s – G r u p p e n :

12 Science abstracts. 1– London 1898–
Reihen A.B.C.

Inst. of Electr.
Engineers, London

A. Physics abstracts. 1903–   1903   x   x   (U6)
B. Electrical and electronics abstracts.   x   x   (Z7)
C. Computer and control abstracts. 1966–   x   x   (Z8)

1940–

13 Bull. sign. - Bulletin signalétique. 1–
Paris 1940–
1–16 u.d.T.: Bulletin analytique. Aktuell: ca. 45 Reihen

CNRS, Paris

Naturwiss., Technik, Med.; Geisteswiss.: Philosophie,
Sprachwiss., Informationswiss.; Soziologie, Ethnologie.
als Referateorgane.

1953–

14 Referativnyj Zurnal. Moskau 1953–
Aktuell: ca. 60 Reihen als
Referateorgane.

VINITI: Allunions–
institut f. wiss.–technische Information

Naturwiss., Technik; Medizin: ohne
klinische Fächer.

BER	Zitiertitel, Kurztitel	Korporativer Träger	Lfd. Nr.	Inhalt Thema Besonderheiten	A/R	GEO	SPR	U	FE	SE	K
	M a t h e m a t i k										
1931–	Zentralblatt für Mathematik und ihre Grenzgebiete. Berlin 1931– Lfde Heft-Zählung durch alle Jgge: Jg 1981= H.431–449. Jedes 10. H. ist Reg. HB 1 Ta 192	Heidelberger Akad. d.Wiss.; FIZ Energie, Physik, Math., Karlsr.	1	Mathematik Grenzgebiete: –Physik –Wirtschaft –Biologie –Kybernetik	R	int.	int.	x	x	x	x
1940–	Mathematical reviews. 1– Lancaster, Pa. 1940– HB 1 Ta 188	Am.Mathematical Soc., Providence, USA	2	Mathematik Grenzgebiete: –Physik –Wirtschaft –Astronomie –Kybernetik –Biologie	R	int.	int.	x	x	x	–.–
1964–	Cybernetics abstracts. English transl. of "Referativnyy zhurnal KIBERNETIKA". 1– London 1964– 1964–65 u.d.T.: Theoretical cybernetics abstracts. HB 1 Tm 192	Original: VINITI, Moskau Übersetzung: Scientific Info. Consultants, London	3	Mathematik Kybernetik EDV Typ: Übersetzungszeitschrift FE: nur in Originalausgabe vhd. !	R teil-weise	int.	int.	x	(x)	x	––
	A s t r o n o m i e										
–1880	Houzeau, J.C. / Lancaster, A.: Bibliographie générale de l'astronomie jusqu'en 1880. Erw. Nachdr.(!) 1–2. London 1964. HB 1 Uq 32		4	Astronomie Astrologie Verzeichnet auch Manuskripte Reg. zu Bd 1 nur im Nachdr. 1964 enthalten !	A	int.	int.	x nur in Bd2	x	x	––
	Berichtslücke: vhd. nur Kartei auf Mikrofilm, vgl. AJB-Forts., Introduction.										
1899–	AJB. – Astronomischer Jahresbericht. 1–68. Berlin 1900–1969. Forts. u.d.T.: Astronomy and astrophysics abstracts. HB 1 Uq 178–188	Astronom. Rechen-Inst. Heidelberg	5	Astronomie Astrophysik Mathematik Raumfahrt	R	int.	int.	x	x	x	x für Forts.
	P h y s i k										
1898–	Physics abstracts. 1903– (= Science abstracts. Ser.A.) London 1903– 1898–1902 u.d.T.: Science abstracts. HB 1 Ua 194	Institution of Electrical Engineers, London	6	Physik, Astrophysik Kernphysik, Kerntechnik Energie-Forschung, Umwelt physikal. Chemie Biophysik, Geophysik	R	int.	int.	x	x	x	x

	7	8	9	10
	--	--	/	--
x	x	x	/	x
x	x	x	/	x
int.	x	x		x
int.	int.	int.		int.
R	R	R		R

7 — 1920–

pb. - Physikalische Berichte.
1-57. Weinheim 1919-78.

Forts. u.d.T.:
pb. - Physics briefs. Physikalische
Berichte. 1- Weinheim 1979-
HB 1 Ua 188-189

Dt.Physikal. Ges.
Bad Godesberg

Physik, Astrophysik
Kernphysik, Kerntechnik
physikal. Chemie
Biophysik, Geophysik

8 — 1948-76

NSA. - Nuclear science abstracts.
1-33. Oak Ridge, Tenn. 1948-76.
Nach Einstellung von NSA gibt ERDA
heraus:
ERA. - Energy research abstracts.(Z9)
Als Forts. für NSA gilt:

ERDA: Energy Re-
search & Develop-
ment Administra-
tion, USA

Physik, Astrophysik
Kernphysik, Kerntechnik
Chemie
Bio-Wiss., Umwelt
Enth. zahlreiche Reports
Report-Nr-Register

9 — 1976–

INIS-Atomindex. 7.1976-
Wien 1976-
HB 1 Ui 192
HB 1 Ui 6146

IAEA: Int.Atomic
Energy Agency,Wien
INIS: Int.Nuclear
Info. System

Inhalt und Anlage wie NSA
zusätzlich:
Patent-Nr-Register

10 — 1972–

Science research abstracts. 1-
Riverdale, Md. 1972-
1-8 erschien in 2 separaten Teilen A.B.

Unter abweichenden Titeln erschienen:
1, Nr 1: A: Theoretical physics journal.
         B: Laser and electro-optic reviews.
8.1980- u.d.T.: Science research abstracts journal.
HB 1 Ua 196
HB 1 Ug 4192

CSA: Cambridge
Scientific Abstr.,
Riverdale, Md.

Physik: theoret. Physik
u. einige Spezialgebiete;
A: -Supraleitfähigkeit
   -Plasmaforschung
   -Theoretische Physik
B: -Laser, Maser
   -Quantenelektronik
   -Unkonventionelle Energiequellen

BER	Zitiertitel, Kurztitel	Korporativer Träger	Lfd. Nr.	Inhalt Thema / Besonderheiten	A/R	GEO	SPR	U	FE	SE	K
-1800	Fuchs, G.F.Chr.: Repertorium der chemischen Litteratur von 494 vor Christi Geburt bis 1806 in chronologischer Ordnung aufgestellt. Nachdr. d. Ausgabe Jena 106-12. Bd 1-2. Hildesheim 1974. Bd 1: -1783. Reg.:(1)A-Z:Vf. (2)A-Z: SW. Bd 2: 1783-1800. Ohne Reg. ! HB 1 Us 1806		1	Chemie, Pharmakologie, Alchemie — Mit biogr. Angaben zu den Autoren u. Nachweis weiterer biogr. Literatur Verzeichnet chronologisch.	--- biogr. Anga-ben	int.	int.	x	x	x	--
-1892	Bolton, H.C.: A select bibliography of chemistry. 1492-1892. Nachdr. d. Ausg. 1893. New York 1966. 1212 S. HB 1 Us 1892		2	Chemie, Alchemie — Enth. keine Dissertationen	---	int.	int.	---	x	x	--
1830-1969	Chemisches Zentralblatt. 1-140. Berlin 1830-1969. 1a: Zsn 233		3	Chemie, Pharmakologie — Enth. Formel-Register Patent-Nr-Register	R	int.	int.	x	x	x	x
1907-	CA. - Chemical abstracts. 1- Easton, Pa. 1907- Halbjahresreg. enthalten: A. Author index. A-Z. GS. General subject index. A-Z. CS. Chemical substance index. A-Z. F. Formula index. Alphanumerisch. Index of ring systems. Sachgruppen. P. Patent index. A-Z: Ländernamen/Nr. HB 1 Us 3007 CASSI. - CA Service source index: Ausgewertete Zsn, Patente, Kongreßberichte. 1907-1979 cumulative. P.1-2. 1980. HB 1 Gp 1678 CIN. - Chemical industry notes: Wöchentl. Info-Dienst über die Chemie-Wirtschaft. (1a: oo)	Am.Chemical Soc., Columbus, Ohio	4	Chemie, Pharmakologie, Chemische Technologie, Kernphysik, Kerntechnik, Umwelt (Chemie-Wirtschaft in Sonderverz. CIN.) — Enth. Formel-Register Patent-Nr-Register Enth. zahlreiche Reports, jedoch kein Report-Nr-Reg.	R	int.	int.	x	x	x	x
	Römpp. - Römpps Chemie-Lexikon. 8.Aufl. Bearb.: O.-A.Neumüller. 1- Stuttgart 1979- HB 13 Sa 4624		5	Chemie, chemische Technologie, Chemie-Industrie. Typ: Lexikon, wenige bibliogr. Angaben SW: Sachbegriffe; Stoffbezeichnungen: Trivialnamen, Fachbezeichnungen, Produktnamen; Firmennamen. Artikel zu Stoffen: Gefahrensymbol, Fachbezeichnung, Formel, charakteristische Daten (Schmelz-, Siedepunkt, Löslichkeit), Verwendung, Literatur, Lieferfirmen.							

6 Anorganische Chemie

| | int. | int. | x | x (!) | x | --- |

ohne rückwärtige Berichtsgrenze; gleitend mit Erscheinungsjahren

Gliederung nach 71 Kennzahlen (="Gmelin-System")
Jedes Element o. Elementgruppe erhält eine feste Kennzahl; die Kennzahlen bilden zugleich die unveränderliche Bandzählung des Handbuchs.
Zu jeder Kennzahl liegen vor:
- der Hauptband der 8.Aufl. als Grundwerk,
- anschließende Ergänzungsbde nach Bedarf

Verbindungen stehen unter demjenigen ihrer Elemente, das im Gmelin-System die höchste Kennzahl erhält.

Typ: Handbuch; kritische Aufarbeitung der Literatur, umfangreiche bibliographische Angaben.

Recherche: (a) eine FE für die Literaturangaben fehlt;
(b) die SE im Handbuch erfolgt nur nach Stoffen: aus der Fragestellung muß festgestellt werden, um welchen Stoff es in der gesuchten Literatur geht;
(c) Alternative 1: über Elementname zur Kennzahl;
(d) Alternative 2: über Formel durch Formula index zu den einschlägigen Bänden des Handbuchs.

Gmelin, L.: Handbuch der anorganischen Chemie. 8.Aufl. 1- Berlin 1924- — Gmelin-Inst., MPG, Ffm
Erscheinungsstand 1980: 430 Bde.
Register:
(1) Systematik der Sachverhalte. 1957. 58 S.
37 Sachgruppen, englisch u. deutsch. Ein systmat. Schlüssel für die Literaturdokumentation im Gmelin-Inst. Keine Registerfunktion für das Handbuch.
(2) Alphabetische Folge zur Systematik der Sachverhalte. 1959. 109 S.
Register der in (1) enthaltenen Sachbegriffe. Keine Registerfunktion für das Handbuch.
(3) Formula index. 1-12. 1975-80.
A-Z: Summe formeln. VW auf Haupt- u. Erg.Bde des Handbuchs !

HB 13 Ta 4902

Vgl. Artikel in Römpp: "Gmelin-Handbuch" "Gmelin-System"

7 Organische Chemie

| | int. | int. | x | x (!) | x | --- |

(Chemie der Kohlenstoffverbindungen); Gliederung nach 27 Verbindungsgruppen (="Beilstein-System")
die Kennzahlen 1-27 bilden zugleich die Bandzählung des Handbuchs in allen Berichtsstufen:
Bd 1-4: Acyclische Verbindungen
5-16: Isocyclische Verbindungen
17-27: Heterocyclische Verbindungen

Typ: Handbuch; kritische Aufarbeitung der Literatur, umfangreiche bibliographische Angaben

Recherche: (a) eine FE für die Literaturangaben fehlt;
(b) die SE in der Gliederung der 27 Bde nach den Regeln des Beilstein-Systems ist nur f.d.Fachmann benutzbar;
(c) Für den Nicht-Fachmann Einstieg nur über die beiden General-Register möglich, mit Verbindungsname oder Formel, für Hauptwerk u. Erg.Werke 1-2; mit der Band-Zählung kann man zu den folgenden Erg.-Werken gehen, dort die Register d. betreffenden Bde benutzen

Beilstein, F.C.: Handbuch der organischen Chemie. 4.Aufl. 1- Berlin 1918- — Beilstein-Inst., Ffm
Aktueller Erscheinungsstand: ca. 180 Bde.
-1909 Hauptwerk.
1910-19 Erg.Werk 1.
1920-29 Erg.Werk 2. Nur hierzu sind erschienen:
Bde 28,1-2: General-Sachregister. A-Z: Verbindungsnamen.
29,1-3: General-Formelregister.
1930-49 Erg.Werk 3.
1930-59 Erg.Werk 3/4: für Bde 17-27.
1950-59 Erg.Werk 4.
1960-79 Erg.Werk 5: in Vorbereitung.
Einmalig (zu Erg.Werk 2) sind Bde 30-31 erschienen: für Polyisoprene, die später an anderer Stelle eingefügt wurden.

HB 13 Ua 4902

Vgl. Artikel in Römpp: "Beilstein-Handbuch" "Beilstein-System"

8

| | int. | R | x | x | x | --- |

Ser.A: Human and experimental (nutrition)
-Nahrungsmittel -Biochemie
-Physiologie -Medizin

1931- Nutrition abstracts and reviews. 1- Ser.A: Human and experimental. Aberdeen 1931- — CAB:Commonwealth Agricultural Bureaux, Slough (GB)
HB 1 Uy 3556
(Ser.B: Livestock feeds and feeding.)

G e o - W i s s e n s c h a f t e n : Gesamtgebiet

BER	Zitiertitel, Kurztitel	Korporativer Träger	Lfd. Nr.	Inhalt Thema Besonderheiten	A/R	GEO	SPR	U	FE	SE	K
-1964 1964-	Catalog of the US. Geological Survey Library. Boston 1964- Grundwerk: 1-25. Suppl. 1- HB 1 Vf 444	US. Department of the Interior	1	Geologie, Mineralogie Geochemie Hydrologie, Ozeanographie Paläontologie, Biologie Kartographie (keine Einzelkarten)	----	int.	int.	---	x	x	-- Kreuz-katalog
1948-	ZGP. - Zentralblatt für Geologie und Paläontologie. 1- Stuttgart 1950- Teil 1: Geologie HB 1 Vf 308 Teil 2: Paläontologie HB 1 Vg 308		2	T.1: Geologie keine Referate, aber Deskriptoren T.2: Paläontologie Literaturberichte, Rezensionen, Referate	A R	int.	int. (dt.)	x	x	x	--
1960- 1966- 1966- 1966- 1972- 1972- 1974-	Geo abstracts. 1960- Norwich, UK Erscheint aktuell in 7 Teilen: A: Landforms and the Quaternary. B: Climatology and hydrology. C: Economic geography. D: Social and historical geography. E: Sedimentology. F: Regional and community planning. G: Remote sensing, photogrammetry and cartography. A-F: HB 1 Vd 350 G: Kart LS Ca 3071		3	4 Teile sind naturwiss. orientiert: A: Geologie, Geomorphologie B: Hydrologie, Klimatologie, Meteorologie E: Geologie, Geochemie, Paläogeographie G: Fernerkundung (durch Satelliten), Kartographie 3 Teile sind sozialwiss. orientiert: C: Wirtschaftsgeographie, Verkehr, Landwirtsch. D: Historische Geographie, Sozialgeographie, Archäologie, Kulturgeschichte. F: Regionalforschung, Raumplanung, Umwelt	R	int.	int.	x	x	x	x
1933-	G e o l o g i e Bibliography and index of geology. 1- Washington 1934- HB 1 Vf 201	AGI: Am.Geol. Institute; früher Geol.Soc.Am.	4	Geologie, Mineralogie Geochemie, Geophysik Hydrologie Paläontologie extraterrestrische Geologie Anfangs Literatur über Nord-Amerika ausgeschlossen, seit Jg 33.1969 erfaßt.	R: selten	int.	int.	x	x	x	--

Mineralogie

5 — Mineralogie, Geochemie, extraterrestrische Geologie ("Cosmochimie"), Meteoriten

Bulletin signalétique. 220: Minéralogie, géochimie, géologie extraterrestre. <u>CNRS</u>, Paris. Jg 33- Paris 1972-
Vor 1972 in anderer Einteilung erschienen.
HB 1 Vk 863

1972-

R | int. | int. | x | x | x | x | --

Ozeanographie

6 — Ozeanographie, Geologie, Hydrologie, Geophysik, Geochemie, Meteorologie, Biologie, Umwelt, Bodenschätze, Schiffahrt

Oceanic abstracts. 1- Bethesda, Md. 1964-. <u>CSA:</u> Cambridge Scientific Abstr., Bethesda, Md.
HB 1 Vd 4680

1964-

R | int. | int. | x | x | x | x

Meteorologie

7 — Meteorologie, Hydrologie, Ozeanographie: physikalische, Gletscherkunde, Astrophysik

Meteorological and geoastrophysical abstracts. 1- Lancaster, Pa. 1950-. <u>Am. Meteorological Soc.</u>
HB 1 Vq 340

1950-

R | int. | int. | x | x | x | x

Umwelt

8 — Umweltverschmutzung, -Luft -Boden, -Meerwasser, -Frischwasser, Abwasser, Müll, Hydrologie, Toxikologie, Lärmbelästigung, Strahlengefahren, Umweltpolitik, Programme, Gesetzgebung, Erziehung

Pollution abstracts. 1- Bethesda, Md. 1970-. <u>CSA:</u> Cambridge Scientific Abstr., Bethesda, Md.
HB 1 Va 3569

1970-

R | int. | int. | x | x | x | x

BER	Zitiertitel, Kurztitel	Korporativer Träger	Lfd. Nr.	Thema Besonderheiten (Inhalt)	A/R	GEO	SPR	U	FE	SE	K
	B i o - W i s s e n s c h a f t e n : Gesamtgebiet										
1796-1965	Biologie-Dokumentation. Bibliographie der deutschen Zeitschriften-Literatur 1796-1965. 1.-24. München 1981-82. HB 1 Wa 601 (aufgelöst) Thesaurus: nur EDV-Ausdruck in Senckenberg/Ffm.	Dok.stelle für Biologie, Schlitz (aufgelöst)	1	Biologie, Landwirtschaft Naturschutz, Ökologie Anthropologie Verhaltensforschung. Enth. nur Zeitschriftenaufsätze, aus 152 dt. Zsn: Kern-Berichtszeit 1900-1950. Älteres nur, wenn Zsn in der Kern-Berichtszeit fortgesetzt worden sind.	---	int.	dt. ====	x	x	x	--
1926-	BA. - Biological abstracts. Reporting worldwide research in life science. 1- Philadelphia 1926- Register: (a) Author index. A-Z:Vf/Korp. (b) Biosystematic index. Systematik, nach 4 "major taxonomic categories": A. Mikroorganismen. B. Pflanzen. C. Paläontologie. D. Tiere. mit insgesamt 48 Untergruppen (Klassen). (c) Generic index. A-Z: Gattungen/Arten. (d) Concept index. A-Z: Sachbegriffe. Gibt bereits auf der Halbjahresstufe zu einem Begriff Hunderte von Abstract-Nummern; für punktuelle Recherche mühsam zu benutzen. (e) Subject index. A-Z:StW(aus ST)/Sw. Ergänzung: Biological abstracts/RRM: (Reports, reviews, meetings). HB 1 Wa 1703	BIOSIS: Bio-sciences Info. Service, Philadelphia	2	Biologie, Paläontologie Virologie Medizinische Mikrobiologie Veterinärmedizin Pharmakologie Ökologie, Umwelt Landwirtschaft, Ernährung. Recherche: für den Nicht-Fachmann Einstieg am leichtesten im (e)Subject index, kann Feststellung der Suchbegriffe für (b)Biosystematic index (c)Generic index erleichtern; FE in (a)Author index ist unproblematisch.	R	int.	int.	x	x	x	--
1864-	Z o o l o g i e Zoological record. 1.1864- London 1865- Jede Sektion in hoch differenzierter Anlage mit 8 (!) Ordnungsfolgen: (a) Detailed subject index. A-Z: Sachbegriffe. (b) Detailed systematic index. A-Z:"Familien"-Namen. (c) Index to genera. A-Z: Gattungsnamen. (d) "Author index": Hauptteil. A-Z: (e) Subject index. Systematik. Übersicht fehlt. (f) Geographical index. Systematik. Übersicht fehlt. (g) Paleontological index. Chronologisch, nach Erdzeitaltern. (h) Systematic index. Systematik: Ordnungen, Familien, Gattungen, Arten. HB 1 Wd 1201	Zoological Soc., London	3	Zoologie Paläontologie Ständiger Berichtsverzug von mehreren Jahren! Jährlich 20 Sektionen, nur separate Register für jede Sektion, Gesamt-Register fehlt! Recherche: FE in (d) Author index ist unproblematisch. SE für den Nicht-Fachmann leichter über die 3 kleinen Register (a) - (c), die auf die nur mit Fachkenntnissen zu benutzenden Register (e) - (h) verweisen.	---	int.	int.	x	x	x	--

Mikrobiologie

Jahr	Nr	Titel	Herausgeber	Sachgebiet							
1965– 1966– 1972–	4	Microbiology abstracts. 1– London 1965– A: Industrial and applied microbiol. B: Bacteriology. C: Algology, mycology, protozoology. HB 1 Wb 1708–1710	IRL: Information Retrieval Ltd., London	Mikrobiologie A: Landwirtschaft, Pflanzen- krankheiten, Pharmakologie, Umwelt, Müll B: Bakteriologie, Pharmakologie, Medizin, Veterinärmedizin, Umwelt C: Biochemie, Mykologie, Algologie, Protozoologie	R	int.	int.	x	x	x	––
1967–	5	Virology abstracts. 1– London 1967– HB 1 Wb 5327	"	": Virologie, Medizin, Veterinärmedizin, Biologie							

Genetik

Jahr	Nr	Titel	Herausgeber	Sachgebiet							
1968–	6	Genetic abstracts. 1– Bethesda, Md. 1968– HB 1 Wa 5328	CSA: Cambridge Scientific Abstr., Bethesda, Md.	Genetik, Biologie Medizin	R	int.	int.	x	x	x	––

Landwirtschaft, Ernährung

Jahr	Nr	Titel	Herausgeber	Sachgebiet							
1862–1965 1966–	7	Nat. Agr. Libr. - Dictionary catalog of the National Agricultural Library. 1862–1965. 1–73. New York 1967. Vol.73: Translations of articles. Suppl.66–70 HB 1 Wr 1961	Nat.Agricultural Library, US. Dpt. of Agriculture	Landwirtschaft Biologie Ernährung Tausch mit 9.800 Korp. in 155 Ländern; viel Kleinschrifttum, wenig Unselbständiges. ADS, viel	––––	int.	int.	x	x Kreuz-Katalog	x	––
1942–	8	Bibliography of agriculture. 1– Washington 1942– HB 1 Wr 1201	Nat.Agr.Libr., US.Dpt.of Agr.	Landwirtschaft, Ernährung Biologie, Veterinärmedizin Umwelt Anfangs: teilw. annotiert	––––	int.	int.	x	x	x	––
1969–	9	FSTA. - Food science and technology abstracts. 1– Farnham Royal 1969– HB 1 Wr 1713	IFIS: Int. Food Info. Service, Shinfield (GB)	Lebensmittel –Chemie –Recht –Technologie –Wirtschaft nicht erfaßt: landwirtschaftl.Produktion der Roh-Lebensmittel	R	int.	int.	x	x	x	––
1969–	10	ASFA. - Aquatic sciences and fisheries abstracts. 1– London 1969– P.1: Biological sciences, living resources. P.2: Ocean technology, policy, non living resources HB 1 Wv 8204	FAO(u.a.): Food and Agriculture Org. (UN)	P.1: Meeresbiologie Fischerei, Umwelt P.2: Ozeanographie, physikal. Geologie, Geochemie, Meteorologie Bodenschätze, Technologie, Umwelt	R	int.	int.	x	x	x	––

BER	Zitiertitel, Kurztitel	Korporativer Träger	Lfd. Nr.	Inhalt Thema Besonderheiten	A/R	GEO	SPR	U	FE	SE	K
–1968	**Human – Medizin** New York Academy of Medicine. (1) Author cat. 1–43. 1969. (2) Subject cat. 1–34. 1969. (3) Biographies. 1960. (4) Portrait cat. 1–5. 1960. Suppl. zu (1), (2) u. (4): HB 1 Xa 2110 – 2125	N.Y.Acad. of Med.	1	Medizin: Geschichte, Sozial-Medizin, Ernährung, Kochbücher; Biochemie, Mikrobiologie, Umwelt, Anthropologie (B.kunde Nr 18)	---	int.	int.	x	x	x	---
1969–											
1880–1950	Index-catalogue of the Library of the Surgeon General's Office. Ser. 1–5 (= 60 Bde !) Washington 1880–1961. Forts. als: Current catalog.	Surgeon General's Office, USA	2	Medizin; Biochemie; Pharmakologie; Psychologie, Psychoanalyse Ser.1–4: Ser.5:	---	int.	int.	x SE! ---	x	x	--- ---
1950–	Armed Forces Med. Libr.; 1956– : Nat.Libr. of Med. HB 1 Xa 2080–2090	Armed Forces Med. Libr.; 1956– : Nat.Libr. of Med. NLM, Bethesda	3	SE: SW nach MeSH-list: medical subject headings	---	int.	int.	---	x	x	---
1879–	Index medicus. Ser.1– New York 1879– Ab 1960: New series. HB 1 Xa 1618–1620	NLM, Bethesda	4	Medizin; Biochemie; Pharmakologie; Psychologie; Psychoanalyse Verzeichnet nur Unselbständiges; damit Erg.-Funktion zum Index-Catalogue und zum Current catalog.	---	int.	int.	x	x	x	---
1947–	EM. – Excerpta medica. Amsterdam 1947– Erscheinen in ca. 50 selbständigen Reihen ! Einziges Gesamtreg. zur Feststellung d. einschlägigen Reihen in: Guide to the Excerpta Medica classification and indexing system. 1978. 140 S. Enthält: (1) Übersicht der Fachgebiete; inhaltl. Gliederung; (2) A–Z; 5000 engl. SW, nach EM-Thesaurus MALIMET (Master list of medical indexing terms), mit gewissen VW von MeSH-Terminologie. Unterschiede: MALIMET mit SW-Ansetzung im Singular u. nicht invertiert, MeSH im Plural und invertiert. HB 1 Xa 1700 – 1860		5	Medizin Mikrobiologie, Biochemie, Biophysik, Pharmakologie, Virologie, Genetik; Psychiatrie; Umwelt	R	int.	int.	x	x	x	---

40

	6	7	8	9	10	11
	---		---	---	---	---
	x x		x	x	x	x
	x x		x x	x	x	x
	x		x	x	x	x
	int.	int.		int.	int.	int.
	R int.		--- int.	--- int.	R int.	R int.

Hinweise:

(Zentralblattsystem des Springer-Verlages: in 13 selbstän-digen Zeitschriften mit ST-Formen: "Zentralblatt für ...", "Berichte über ...") 1a: Magazinbestand

6 Medizin; Rechtsmedizin Biochemie, Pharmakologie Biologie; Psychiatrie

7 Medizin; Biochemie Pharmakologie; Psychiatrie
Pschyrembel, W.: Klinisches Wörterbuch. 253.Aufl. Berlin 1977. 1a: LS-Buchausgabe

8 Lexikon-Artikel Schriften der Ärzte: FE Schriften über die Ärzte: SE
Biographisches Lexikon d. hervorragenden Ärzte aller Zeiten u. Völker. 3.Aufl. Grundwerk: Vor 1880. 1-5. Forts.: 1880-1930. 1-2. München 1962. HB 16 Aa 6430 - 6433

V e t e r i n ä r m e d i z i n

9 Veterinärmedizin Zoologie Biochemie Landwirtschaft
Index veterinarius. 1- Weybridge 1933-
CAB: Commonwealth Bureau of Animal Health, Comm. Agricultural Bureau
HB 1 Xy 933
1933-

P h a r m a k o l o g i e

10 Pharmakologie Biochemie
IPA. - International pharmaceutical abstracts. 1- Washington 1964-
Am.Soc. of Hospital Pharmacists
HB 1 Xf 1550
1964-

S p o r t

11 Sport; Sportmedizin Sozialwissenschaften
Sport-Dokumentation. 1- Köln 1970- Ersch. zeitweilig in Reihen: A. Sportwiss. B. Sportmedizin C. AV-Medien D. Daten-Dokumentation
Bundesinst. f. Sportwiss., Köln
HB 1 Xz 1113
1970-

BER	Zitiertitel, Kurztitel	Korporativer Träger	Lfd. Nr.	Inhalt Thema Besonderheiten	A/R	GEO	SPR	U	FE	SE	K
		Technik / Gesamtgebiet									
1884-	Ei. - Engineering index. New York 1892- Primär: Monatshefte, lfde Zählung der Referate; Sekundär: Jahres-KUM, neue lfde Zählung d. Referate; Verknüpfung beider Zählungen durch "Number translation index". Der "Author affiliation index" ist ein Korp.-Reg. HB 1 Ya 2601		1	Technik, Kerntechnik Mathematik, Physik, Chemie Geologie, Ozeanographie Umwelt Medizin: med. Technologie SE: SHE (Subject headings for Engineering)	R	int.	int.	x	x	x	--
1946-	GRA / GRI	NTIS, USA HB 1 Eg 5100	2	Vgl. T 6							
1961-	SCI	ISI, Philadelphia HB 1 Gw 5300	3	Vgl. T 7							
1971-	Forschungsberichte aus Technik und Naturwissenschaften. 1- Hannover 1971- 1-5 u.d.T.: Deutsche Forschungsberichte. HB 1 Ya 3802	TIB, Hannover	4	Technik, Kerntechnik, Kybernetik, Informatik; Physik, Chemie; Geo-Wiss., Bio-Wiss.; Umwelt, Sozialwiss. T.1: alle Gebiete außer Kernforschung	A	BRD	dt, engl.	---	x	x	---
				T.2: Kernforschung	R	"	"	"	"	"	"
	Lueger, O.: Lexikon der Technik. 4.Aufl. 1-17. Stuttgart 1960-72. HB 17 An 6000		5	Technik; teilw. Lit.-Ang. Bände nach einzelnen Fachgebieten; Benutzung über Bd 17: Gesamtregister.							
		Metallurgie									
1968-	Metals abstracts. 1- London 1968- Zusammenfassung ohne R und nur mit SE:	Am.Soc. for Metals (USA); Metals Soc. (GB)	6	Technik, Metallurgie anorganische Chemie, Physik	R	int.	engl.	x	x	x	--
1974-	Alloys index. 1- London 1974 HB 1 Ym 262-265				----	"	"	x	(!)	x	--
	Elektrotechnik										
1898-	EEA.- Electrical & electronics abstracts. (= Science abstracts. Ser. B.) 1- London 1898- HB 1 Yt 262	Inst. of Electrical Engineers, London	7	Technik, Elektrotechnik, Elektronik, Telekommunikation; Energieforschung	R	int.	int.	x	x	x	x

Jahr	Titel	Standort	Institution	Nr.	Sachgebiete	R	int.					
1966–	CCA. – Computer and control abstracts. (= Science abstracts. Ser. C.) 1– London 1966–	HB 1 Yu 262	Inst. of Electrical Engineers, London	8	Technik, Kybernetik, EDV Mathematik Wirtschaft	R	int.	x	x	x	---	x ---

E n e r g i e f o r s c h u n g

Jahr	Titel	Standort	Institution	Nr.	Sachgebiete	R	int.				
1976–	ERA. – Energy research abstracts. 1– Oak Ridge 1976–	HB 1 Yg 265	ERDA: Energy Research & Development Administration (USA)	9	Energieforschung, Technik, Kerntechnik Physik, Geo-Wiss., Umwelt Wirtschaft Kohle, Öl, Gas, Kernbrennstoff, Wasserkraft, Sonnen-, Gezeiten-, Wind-Energie, Geothemik; E-Kraftwerke Reports: Andere Schriftenkl.: Report-Nr-Register	R R R von US Dpt.	int. int. engl.		x x	x x	

K e r n f o r s c h u n g

Jahr	Titel	Standort	Institution	Nr.	Sachgebiete
1948–76	NSA	HB 1 Ui 192	ERDA (USA)	10	Vgl. U 8
1970–	INIS-Atomindex	HB 1 Ui 6146	IAEA, Wien	11	Vgl. U 9

L u f t f a h r t , R a u m f a h r t

Jahr	Titel	Standort	Institution	Nr.	Sachgebiete	R	int.				
1961–	IAA. – International aerospace abstracts. New York 1961–	HB 1 Yr 2761	NASA (USA)	12	Luftfahrt, Raumfahrt Aerodynamik, Astrodynamik Navigation, Telekommunikation Technik, Antriebe, Fahrzeuge, Materialien Chemie, Geo- u. Bio-Wiss., Physik, Medizin, Sozialwiss. alle Schriftenkl., außer Reports (s. folgendes Verz.)	R	int.	x	x	x	--- x
1963–	STAR. – Scientific and technical aerospace reports. New York 1963–	HB 1 Yr 3262	NASA (USA)	13	Fachgebiete u. Gegenstände wie IAA. Enthält nur Reports, darin Ergänzung zu IAA. Report-Nr-Register Zusätzlich: NASA-Patente u. Diss.	R	int.	---	x	---	

(Haupt-Schlagworte und Verweisungen)

Aberglaube
Abwasser
Aerodynamik
Alchemie
Algologie
Alpenromanische
  Philologie
Altertum
Amtsdruckschriften
Anglistik
Anthropologie
Arbeiterbewegung
Arbeitswelt
Archäologie
Astrologie
Astronomie
Atlanten

Bakteriologie
Bevölkerung
Bibelwissenschaft
Bibliographie
Bibliothekswesen
Bildende Kunst
Bildungswesen
Biochemie
Biologie
Biophysik
Bio-Wissenschaften
Bodenschätze
Brasilianische
  Philologie
Buchwesen
Byzantinistik

Chemie
Comics

Dalmatische Philologie
Darstellende Kunst
Deutsche Philologie
Dokumentation
"Dritte-Welt"-Länder

EDV
Elektrotechnik
Energie
Englische Philologie
Erdgas
Erdöl
Ernährung
Ethnologie
Extraterrestrische
  Geologie

Fernerkundung
Fernsehen
Film
Fischerei
Flugblätter
Fotografie
Französische Philologie
Frauenfrage
Freimaurer
Friesische Philologie

Geheimgesellschaften
Geisteswissenschaften
Genetik
Geochemie
Geographie
Geologie
Geothermik
Geophysik

Geo-Wissenschaften
Germanistik
Geschichte
Gesellschaft
Gesellschafts-
  wissenschaften
Gesetze
Gesundheitswesen
Gewerbe
Gletscherkunde
Globen
Gotische Philologie
Griechische Philologie
Griechisches Altertum

Handwerk
Historische
  Hilfswissenschaften
Humanismus
Hydrologie

Indianer
Informationswissenschaft
Internationale
  Beziehungen
Internationale
  Organisationen
Internationales Recht
Italienische Philologie

Judentum
Jugendliteratur

Karten
Kartographie
Katalanische Philologie
Keltische Philologie
Kernphysik
Kerntechnik
Kinderbücher
Kirchengeschichte
Kirchenrecht
Klassische Philologie
Klimatologie
Kochbücher
Kohle
Kommunismus
Kulturgeschichte
Kunst
Kybernetik

Lärm
Landeskunde
Landwirtschaft
Laser
Lateinische Philologie
Lebensmittel
Linguistik
Literaturwissenschaft
Luftfahrt

Magie
Maser
Mathematik
Medizin
Meeresbiologie
Metallurgie
Meteoriten
Meteorologie
Mikrobiologie
Militärwesen
Mineralogie
Missionswissenschaften
Müll
Musik

Mykologie

Naturschutz
Naturwissenschaften
Niederländische
  Philologie
Nordische Philologie
Notendrucke

Ökologie
Okzitanische
  Philologie
Orden (religiöse)
Organisation
Orient
Orientalische
  Philologien
Ozeanographie

Pädagogik
Paläontologie
Parapsychologie
Patente
Pflanzenkrankheiten
Pharmakologie
Philologie
Philosophie
Physik
Physiologie
Plasmaforschung
Politik
Portugiesische
  Philologie
Pseudowissenschaften
Psychiatrie
Psychoanalyse
Psychologie
Psychopathologie

Quantenelektronik

Raumfahrt
Raumplanung
Recht
Reformation
Regionalforschung
Religionswissenschaft
Renaissance
Reports
Römisches Altertum
Romanistik
Rumänische Philologie
Rundfunk

Sardische Philologie
Schiffahrt
Schulbücher
Schulwesen
Shakespeare
Slavische Philologie
Sonnenenergie
Sozialgeschichte
Sozialismus
Sozialmedizin
Sozialpädagogik
Sozialwesen
Sozialwissenschaften
Soziolinguistik
Soziologie
Spanische Philologie
Sport
Sprachwissenschaft
Staat
Stadtplanung
Statistik

Sterblichkeit
Strahlengefahr
Supraleitfähigkeit

Technik
Telekommunikation
Theater
Theologie

Umwelt

Variété
Verhaltensforschung
Verkehr
Verwaltung
Veterinärmedizin
Virologie
Völkerkunde
Volkskunde
Vorderer Orient

Wasserkraft
Windenergie
Wirtschaft
Wissenschaftsgeschichte
Wörterbücher

Zauberkunst
Zeitungen
Zirkus
Zitatensammlungen
Zoologie

Für Erläuterungen vgl. Einleitung, Kapitel 4 ,
insbesondere 4.3.6 : Der einzelne Registereintrag.

Aberglaube

s.a. Pseudowissenschaften

D 1 (Schüling)
N 7 (Int.volksk.B.)

Abwasser

s.a. Technik
    Umwelt

W 8 (Pollution abstr.)

Aerodynamik

s.a. Technik

Z 12 (IAA)
Z 13 (STAR)

Alchemie

s.a. Pseudowissenschaften

B 3 (Warburg)
N 7 (Int.volksk.B.)
V 1 (Fuchs)
V 2 (Bolton)

  Geschichte:
T 5 (Isis)

Algologie

s.a. Biologie

X 4 (Microb.abstr./C)

**Alpenromanische
Philologie**

s.a. Literaturwissenschaft
    Romanistik
    Sprachwissenschaft

H 1 (Roman.B.)

Altertum

s.a. Geisteswissenschaften
    Gesellschaftswiss.
    Naturwissenschaften

Tafel F
B 3 (Warburg)
C 1 (Totok: Bd 1)

  Geographische Namen:
R 13 (Orbis Latinus)

  Vorderer Orient:
C 11 (Elench.bibl.Bibl.)

s.a. Archäologie
    Geschichte
    Literaturwissenschaft
    Sprachwissenschaft

**Amtsdruck-
schriften**

s.a. einzelne Fachgebiete

Tafel N: 1.2.4.5.

Anglistik

  s. Englische Philologie

Anthropologie

s.a. Geisteswissenschaften
    Gesellschaftswiss.
          Naturwiss.
Tafel N: 9-11.
B 2 (Peabody)
B 3 (Warburg)
C 1 (Totok)
C 3 (Bull.sign.519)
D 3 (Wellek)
D 14 (Rosenstiel)
L 1 (Int.b.hist.sc.)
X 1 (Biol.-Dok.)
Y 1 (NY.Acad.Med.)

- Geschichte:
T 5 (Isis)

s.a. Archäologie
    Völkerkunde

Arbeiterbewegung

s.a. Gesellschaft
    Politik

Tafel Q: 5.7.13.14.

Arbeitswelt

s.a. Gesellschaft
    Wirtschaft

Tafel Q: 5-7.12-14.

Archäologie

s.a. Geisteswissenschaften
    Geschichte
    Kunst

Tafel K: 1-5.
N 10 (Anthrop.ind.)
R 6 (Geo abstr./D)

  Altertum:
Tafel F

  Amerika:
B 2 (Peabody)

  Vorderer Orient:
C 11 (Elench.bibl.Bibl.)

Astrologie

s.a. Pseudowissenschaften

B 3 (Warburg)
D 1 (Schüling)

N 7 (Int.volksk.B.)
U 4 (Houzeau/Lanc.)

  Geschichte:
T 5 (Isis)

Astronomie

s.a. Naturwissenschaften

Tafel U: 2.4-9.

s.a. Chemie
    Extraterrestrische
      Geologie
    Mathematik
    Physik
    Raumfahrt

Atlanten

s.a. Geographie

Tafel R: 7.8.10.11.

Bakteriologie

s.a. Biologie

X 4 (Microb.abstr./B)

Bevölkerung

s.a. Gesellschaftswiss.

N 8 (Population ind.)

s.a. Politik
    Völkerkunde
    Volkskunde

**Bibelwissen-
schaft**

s.a. Altertum
    Geisteswissenschaften
    Orientalische
      Philologien
    Religionswissenschaft
    Theologie

C 11 (Elench.bibl.Bibl.)

Bibliographie

s.a. Buchwesen
    Informationswiss.

Tafel A: 1.2.5.10.14.

**Bibliotheks-
wesen**

s.a. Buchwesen
    Informationswiss.
    Wissenschaftsgeschichte

Tafel A
B 8 (DAI/A)

Bildende Kunst

s.a. Kunst

Tafel K: 1-5.
B 1 (Hocks/Schmidt)
B 3 (Warburg)
B 4 (Folger)
C 14 (RHE)

s.a. Archäologie
    Fotografie

Bildungswesen

s. Pädagogik

Biochemie

s. Medizin

Biologie

s.a. Bio-Wissenschaften
    Naturwissenschaften

Tafel X: 1-8.10.
W 1 (Geol.Survey)
W 6 (Oceanic abstr.)

   Grenzgebiet der
    Mathematik:
U 1 (Zbl.Math.)
U 2 (Math.reviews)

   medizinische B.:
Y 6 (Springer-Zbl.)
   s.a. Medizin

Biophysik

s. Bio-Wissenschaften

Bio-Wissen-
schaften

s.a. Naturwissenschaften

Tafel X
U 8)NSA)
U 9 (INIS)
Z 4 (Forsch.TIB)

   Biochemie: s.a. Medizin

   Biophysik:
U 6 (Phys.abstr.)
U 7 (pb)
Y 5 (EM)

   Luft- u. Raumfahrt:
Z 12 (IAA)
Z 13 (STAR)

s.a. Biologie
    Medizin
    Veterinärmedizin

Bodenschätze

s. Geologie

Brasilianische
Philologie

s.a. Literaturwissenschaft
    Romanistik
    Sprachwissenschaft

H 1 (Roman. B.)

Buchwesen

s.a. Geisteswissenschaften
    Gesellschaftswiss.

Tafel A
B 8 (DAI/A)

B 11 (ISSHP)

s.a. Bibliographie
    Bibliothekswesen

Byzantinistik

s.a. Geisteswissenschaften

Tafel F: 4-6.8.10.
L 2 (Paetow/Boyce)
L 3 (IMB)

s.a. Geschichte
    Griechische Philologie

Chemie

s.a. Naturwissenschaften

Tafel V
U 8 (NSA)
U 9 (INIS)
Z 1 (Ei)
Z 4 (Forsch.TIB)

   anorganische Chemie:
V 6 (Gmelin)
Z 6 (Metals abstr.)

   Biochemie: s.a. Medizin

   Chemie-Wirtschaft:
V 4 (CA: CIN)
V 5 (Römpp)
   s.a. Wirtschaft

   Geochemie: s.a. Geo-Wiss.

   Lebensmittelchemie:
X 9 (FSTA)

   Luft- u. Raumfahrt:
Z 12 (IAA)
Z 13 (STAR)

   organische Chemie:
V 7 (Beilstein)
   s.a. Biochemie
    Lebensmittelchemie

   physikalische Chemie:
U 6 (Phys.abstr.)

Comics

s.a. Kinderbücher

D 13 (Int.Jugendbk)

Dalmatische
Philologie

s.a. Literaturwissenschaft
    Romanistik
    Sprachwissenschaft

H 1 (Roman. B.)

Darstellende
Kunst

s.a. Kunst

Tafel K: 10-15.

Deutsche
Philologie

s.a. Germanistik
    Literaturwissenschaft
    Sprachwissenschaft

Tafel G: 1-8.

s.a. Theater
    Volkskunde

Dokumentation

s. Informationswiss.

"Dritte - Welt"-
Länder

s.a. Geschichte
    Gesellschaftswiss.
    Völkerkunde

C 7 (Missionary Res.)

EDV

s. Kybernetik

Elektrotechnik

s. Technik

Energie

s.a. Naturwissenschaften

U 6 (Phys.abstr.)
U 10 (Sci.res.abstr./B)
Z 7 (EEA)
Z 9 (ERA)

s.a. Physik
    Technik

Englische
Philologie

s.a. Germanistik
    Literaturwissenschaft
    Sprachwissenschaft

Tafel G: 1.9-14.
B 4 (Folger)

Erdgas

s.a. Geologie
    Chemie

Z 9 (ERA)

Erdöl

s.a. Chemie
    Geologie

Z 9 (ERA)

Ernährung

s.a. Landwirtschaft
    Medizin
    Wirtschaft

V 8 (Nutrition abstr.)
Tafel X: 2.7-9.
Y 1 (NY.Acad.Med.)

Ethnologie

s. Völkerkunde

Extraterrestri-
sche Geologie

s.a. Naturwissenschaften

W 4 (B. and ind.)
W 5 (Bull.sign.220)

s.a. Astronomie
    Chemie
    Physik

Fernerkundung durch Satelliten

s.a. Geo-Wissenschaften
    Naturwissenschaften

W 3 (Geo abstr./G)

s.a. Geographie
    Kartographie
    Raumfahrt
    Technik

Fernsehen

s.a. Gesellschaftswiss.

K 13 (NYPL-Theatre Coll.)
K 15 (Film lit.ind.)

s.a. Darstellende Kunst
    Informationswiss.
    Technik

Film

s.a. Geisteswissenschaften
    Gesellschaftswiss.

Tafel K: 5.11-13.15.
H 6 (French XX)

s.a. Darstellende Kunst

Fischerei

s.a. Biologie
    Landwirtschaft
    Wirtschaft

N 5 (US.Dpt.Interior)
X 10 (ASFA)

Flugblätter

s.a. Geisteswissenschaften
    Gesellschaftswiss.

L 5 (Zeitgesch./Stuttgart)
L 9 (Schottenloher)
Q 13 (Eberlein)
Q 14 (Sociale Gesch.)

s.a. Geschichte

Fotografie

s.a. Bildende Kunst
    Technik

K 5 (Art index)

Französische Philologie

s.a. Literaturwissenschaft
    Romanistik
    Sprachwissenschaft

Tafel H: 1-10.

Frauenfrage

s.a. Geschichte
    Gesellschaft
    Gesellschaftswiss.

Tafel N: 12-14.
D 15 (Parker/Parker)

Freimaurer

s.a. Geisteswissenschaften
    Gesellschaftswiss.
    Pseudowissenschaften

B 3 (Warburg)
N 15 (Wolfstieg)

Friesische Philologie

s.a. Germanistik
    Literaturwissenschaft
    Sprachwissenschaft

G 1 (Germanistik)

Geheimgesell-schaften

s.a. Gesellschaftswiss.

N 15 (Wolfstieg)

s.a. Freimaurer

Geisteswissen-schaften

s.a. Gesellschaftswiss.

Gesamtgebiet, mehrere
    Teilgebiete:
Tafel B
Tafel F
E 9 (Baldensperger)
L 2 (Paetow/Boyce)
L 3 (IMB)
L 9 (Schottenloher)
L 10 (Dahlmann/Waitz)
L 11 (Jber.dt.Gesch.)
T 13 (Bull.sign.)

Fachgebiete:
Tafel A: Buch, Bibliothek,
        Information
Tafel C: Philosophie,
        Religionswiss.,
        Theologie
Tafel D: Psychologie,
        Pädagogik
Tafel E: Allg. Sprach- u.
        Literaturwiss.
Tafel F: Altertum
Tafel G: Germanistik,
        Deutsche Philo-
        logie,
        Englische Philo-
        logie
Tafel H: Romanistik
Tafel K: Kunst, Musik,
        Theater, Film
Tafel L: Geschichte.

s.a. Registereinträge
    für einzelne
    Fachgebiete !

Genetik

s.a. Biologie
    Medizin
    Naturwissenschaften

X 6 (Genetic abstr.)
Y 5 (EM)

Geochemie

s. Geo-Wissenschaften

Geographie

s.a. Gesellschaftswiss.
    Geo-Wissenschaften

Tafel R
B 5 (Geisteswiss.Fort.)
N 1 (London b.)

N 2 (IWW/Kiel)
N 8 (Population ind.)

historische Geographie:
R 6 (Geo abstr./D)
s.a. Altertum
    Geschichte

Paläogeographie:
R 6 (Geo abstr./D)

Sozialgeographie:
R 6 (Geo abstr./D)

Vorderer Orient:
C 11 (Elench.bibl.Bibl.)

Geologie

s.a. Geo-Wissenschaften
    Naturwissenschaften

Tafel W: 1-4.6.
N 5 (US.Dpt.Interior)
X 10 (ASFA/2)
Z 1 (Ei)

Geophysik:
U 6 (Phys.abstr.)
U 7 (pb)
W 4 (B. and ind.)
W 6 (Oceanic abstr.)

Geothermik (Energie)
Z 9 (ERA)

s.a. Extraterrestrische
    Geologie

Geothermik

s. Geologie

Geophysik

s. Geologie

Geo-Wissen-schaften

s.a. Naturwissenschaften

Tafel R: 1-4.11.
Tafel W
Z 4 (Forsch.TIB)
Z 9 (ERA)

Geochemie:
X 10 (ASFA/2)

Hydrologie:
X 10 (ASFA)

Luft- u. Raumfahrt:
Z 12 (IAA)
Z 13 (STAR)

s.a. **Geographie**
    Geologie
    Meteorologie
    Mineralogie
    Ozeanographie
    Umwelt

Germanistik

s.a. Geisteswissenschaften
    Literaturwissenschaft
    Sprachwissenschaft

Tafel G

s.a. Registereinträge für
    einzelne Sprachen

Geschichte

s.a. Geisteswissenschaften

Tafel L
B 1 (Hocks/Schmidt)
B 3 (Warburg)
B 4 (Folger)
C 13 (Backer/Sommervogel)
C 14 (RHE)

Altertum:
Tafel F

Mittelalter, Neuzeit:
Tafel L: 2-4.
s.a. Byzantinistik

Zeitgeschichte, 20.Jh.:
Tafel L: 4-8.
N 1 (London b.)
Q 2 (Bracher/Jacobsen)
s.a. Politik

Deutschland:
Tafel L: 9-16.

"Dritte-Welt"-Länder:
C 7 (Missionary Res.)

Historische Hilfswiss.:
C 14 (RHE)
P 8 (Planitz/Buyken)

Kirchengeschichte:
Tafel C: 13-15.

s.a. Kulturgeschichte

Sozialgeschichte:
s.a. Gesellschaft

Wirtschaftsgeschichte:
s.a. Wirtschaft

Gesellschaft

s.a. Gesellschaftswiss.

Tafel N
Tafel Q: 1.5-7.12-15.

Erziehungswesen:
N 4 (US.Dpt.Health)
s.a. Pädagogik

s.a. Frauenfrage

Gesundheitswesen:
N 4 (US.Dpt.Health)
s.a. Medizin

Sozialgeographie:
R 5 (Dok.Raumentw.)
R 6 (Geo abstr./D)
s.a. Geographie

Sozialgeschichte:
C 14 (RHE)
L 1 (Int.b.hist.sc.)
Q 14 (Sociale Gesch.)
s.a. Geschichte

Sozialwesen, Sozial-
politik:
N 4 (US.Dpt.Health)
N 9 (Int.b.economics)
Q 12 (Stammhammer)
s.a. Politik

Gesellschafts-
wissenschaften

s.a. Geisteswissenschaften

Gesamtgebiet, mehrere
Teilgebiete:
Tafel B: 1.3.6.8.9.11.
Tafel L: 7.9-12.
Tafel N

P 10 (KJB)
T 6 (GRA/GRI)
Y 11 (Sport-Dok.)
Z 4 (Forsch.TIB)

Fachgebiete:
Tafel A: Buch, Bibliothek,
      Information
Tafel P: Staat, Recht
Tafel Q: Politik, Wirtschaft,
      Gesellschaft
Tafel R: Geographie,
      Kartographie;
      Karten, Atlanten

"Dritte-Welt"-Länder:
C 7 (Missionary Res.)

Mittelalter:
L 2 (Paetow/Boyce)
L 3 (IMB)

Geschichte der G.:
T 5 (Isis)

s.a. Registereinträge
     für einzelne
     Fachgebiete !

Gesetze

s. Recht

Gesundheitswesen

s. Gesellschaft

Gewerbe

s.a. Gesellschaftswiss.
     Wirtschaft

Q 6 (B.Handw.u.Gew.)
s.a. Handwerk

Gletscherkunde

s.a. Geologie

W 7 (Meteorol.abstr.)

Globen

s.a. Geographie

Tafel R: 7.8.10.11.

Gotische
Philologie

s.a. Germanistik
     Literaturwissenschaft
     Sprachwissenschaft

G 1 (Germanistik)

Griechische
Philologie

s.a. Altertum
     Literaturwissenschaft
     Sprachwissenschaft

Tafel F

Griechisches
Altertum

s. Altertum

Handwerk

s.a. Gesellschaftswiss.
     Wirtschaft

N 7 (Int.volksk.B.)
Q 6 (B.Handw.u.Gew.)

Historische
Hilfswissenschaften

s. Geschichte

Humanismus

s.a. Geisteswissenschaften
     Geschichte
     Kunst
     Literatur

B 3 (Warburg)
B 4 (Folger)

Hydrologie

s. Geo-Wissenschaften

Indianer

s.a. Geisteswissenschaften
     Gesellschaftswiss.
     Völkerkunde

B 2 (Peabody)
N 5 (US.Dpt.Interior)

Informations-
wissenschaft

s.a. Geisteswissenschaften
     Gesellschaftswiss.
     Naturwissenschaften

Tafel A
B 8 (DAI/A)
B 11 (ISSHP)
T 13 (Bull.sign.)
Z 4 (Forsch.TIB)

s.a. Bibliographie
     Bibliothekswesen
     Buchwesen

Internationale
Beziehungen

s.a. Geschichte
     Politik
     Staat
     Wirtschaft

N 9 (Int.b.sociology)
N 9 (Int.b.polit.sc.)
P 5 (Int.law rel.)

Internationale
Organisationen

s.a. Geschichte
     Politik
     Staat
     Wirtschaft

N 3 (Badenhoop)

Internationales
Recht

s. Recht

Italienische
Philologie

s.a. Literaturwissenschaft
     Romanistik
     Sprachwissenschaft

Tafel H: 1.11-13.

Judentum

s.a. Altertum
Bibelwissenschaft
Orientalische
Philologien
Religionswissenschaft
Theologie
Vorderer Orient

C 11 (Elench.bibl.Bibl.)

Jugendliteratur

s.a. Literaturwissenschaft
Pädagogik

A 5 (School Libr.Service)
D 13 (Int.Jugendbk)

s.a. Comics
Kinderbücher

Karten

s.a. Geographie

Tafel R: 7-11.

Kartographie

s.a. Geographie

Tafel R: 7.8.12.
W 1 (Geol.Survey)

s.a. Fernerkundung

Katalanische Philologie

s.a. Literaturwissenschaft
Romanistik
Sprachwissenschaft

H 1 (Roman. B.)

Keltische Philologie

s.a. Literaturwissenschaft
Sprachwissenschaft

Tafel E: 1-5.7-13.

Kernphysik

s.a. Naturwissenschaften
Physik

Tafel U: 6-10.
V 4 (CA)
Z 4 (Forsch.TIB)

s.a. Kerntechnik

Kerntechnik

s.a. Naturwissenschaften
Technik

Tafel U: 6-9.
Tafel Z: 1-4.9-11.
V 4 (CA)

s.a. Kernphysik

Kinderbücher

s.a. Literaturwissenschaft
Pädagogik

D 6 (Teachers College)
D 13 (Int.Jugendbk)

s.a. Comics
Jugendliteratur

Kirchen- geschichte

s.a. Geschichte
Theologie

Tafel C: 10.13-15.

Ordensgeschichte:
C 13 (Backer/Sommervogel)
C 15 (Heimbucher)

Kirchen- recht

s.a. Kirchengeschichte
Recht

C 12 (Eph.theol.Lovan.)
P 8 (Planitz/Buyken)

Klassische Philologie

s.a. Altertum
Griechische Philologie
Lateinische Philologie

Tafel F

Klimatologie

s.a. Geo-Wissenschaften

W 3 (Geo abstr./B)

Kochbücher

s.a. Ernährung
Landwirtschaft
Medizin

Y 1 (NY.Acad.Med.)

Kohle

s.a. Geologie
Naturwissenschaften
Technik

Energie:
Z 9 (ERA)

Kommunismus

s.a. Gesellschaftswiss.
Politik

Q 1 (Stammhammer)

Kultur- geschichte

s.a. Geisteswissenschaften
Gesellschaftswiss.

B 3 (Warburg)
B 4 (Folger)
G 5 (Jber.dt.Lit.)
L 1 (Int.b.hist.sc.)
R 6 (Geo abstr./D)

s.a. Altertum
Anthropologie
Geschichte
Kunst
Völkerkunde
Volkskunde
Wissenschafts-
geschichte

Kunst

s.a. Geisteswissenschaften
Gesellschaftswiss.

Tafel K

s.a. Registereinträge
für einzelne Fachgebiete:

Bildende Kunst
- Archäologie
- Fotografie

Darstellende Kunst
- Fernsehen
- Film
- Rundfunk
- Theater
- Variété
- Zauberkunst
- Zirkus

Musik

s.a. Handwerk
Literaturwissenschaft
Völkerkunde
Volkskunde

Kybernetik

s.a. Gesellschaftswiss.
Informationswiss.
Naturwissenschaften

U 3 (Cybernetics abstr,)
Z 4 (Forsch.TIB)
Z 8 (CCA)

Grenzgebiet der
Mathematik:
U 1 (Zbl.Math.)
U 2 (Math.reviews)

s.a. Technik

Lärm

s.a. Technik
Umwelt

W 8 (Pollution abstr.)

Landeskunde

s.a. Geschichte
Geographie
Völkerkunde

Deutschland:
Tafel L: 13-16.

"Dritte-Welt"-Länder:
C 7 (Missionary Res.)

Vorderer Orient:
C 11 (Elench.bibl.Bibl.)

Landwirtschaft

s.a. Bio-Wissenschaften
Naturwissenschaften

Tafel X: 1.2.4.7-10.
N 5 (US.Dpt.Interior)
W 3 (Geo abstr./C)
Y 9 (Ind.vet.)

Fischerei:
X 10 (ASFA)

s.a. Chemie
Naturschutz
Pharmakologie
Technik
Umwelt
Veterinärmedizin
Wirtschaft

Laser

s.a. Naturwissenschaften
     Physik
     Technik

U 10 (Sci.res.abstr./B)

Lateinische
Philologie

s.a. Altertum
     Geisteswissenschaften
     Literaturwissenschaft
     Sprachwissenschaft

Tafel F

   Mittellatein, Neulatein:
G 8 (IGB)

Lebensmittel

s.a. Ernährung

V 8 (Nutrition abstr.)
X 9 (FSTA)

Linguistik

s. Sprachwissenschaft

Literatur-
wissenschaft

s.a. Geisteswissenschaften

   Gesamtgebiet,
   allgemein u. vergleichend,
   mehrere Teilgebiete,
   alle Sprachen:
Tafel E: 1.2.9-13.
B 1 (Hocks/Schmidt)
B 3 (Warburg)
B 4 (Folger)
C 13 (Backer/Sommervogel)

   Fachgebiete:
Tafel F: Klassische
         Philologie
Tafel G: Germanistik
Tafel H: Romanistik

s.a. Registereinträge
     für einzelne
     Sprachkreise

s.a. Volkskunde

Luftfahrt

s.a. Naturwissenschaften
     Technik

Z 12 (IAA)
Z 13 (STAR)

Magie (Pseudowiss.)

s.a. Pseudowissenschaften

B 3 (Warburg)
N 7 (Int.volksk.B.)
N 9 (Int.b.soc.anthr.)

s.a. Zauberkunst
     (Darstellende Kunst)

Maser

s.a. Physik

U 10 (Sci.res.abstr./B)

Mathematik

s.a. Geisteswissenschaften
     Gesellschaftswiss.
     Naturwissenschaften

Tafel U: 1-3.

   Astronomie:
U 5 (AJB)

   Technik:
Z 1 (Ei)
Z 8 (CCA)

s.a. Kybernetik
     Philosophie
     Statistik

Medizin

s.a. Bio-Wissenschaften
     Geisteswissenschaften
     Gesellschaftswiss.
     Naturwissenschaften

Tafel T: 1.2.4-11.13-14.
Tafel Y

   Bakteriologie:
X 4 (Microb.abstr./B)

   Biochemie:
V 8 (Nutrition abstr.)
X 4 (Microb.abstr./C)
s.a. Chemie
     Biologie

   Genetik:
X 6 (Genetics abstr.)

   Geschichte der Medizin:
D 1 (Schüling)
T 4 (Crerar)
T 5 (Isis)
T 7 (SCI)

   Luft- u. Raumfahrt-
   medizin:
Z 12 (IAA)
Z 13 (STAR)

   Medizinische
   Mikrobiologie:
X 2 (BA)
X 4 (Microb.abstr./B)

   Medizinische
   Technologie:
Z 1 (Ei)

   Psychopathologie:
E 5 (LLBA)
s.a. Psychologie
     Psychiatrie
     Psychoanalyse

   Rechtsmedizin:
Y 6 (Springer-Zbl.)
s.a. Recht

   Sozialmedizin:
Y 1 (NY.Acad.Med.)
Y 5 (EM)
s.a. Gesellschaftswiss.
     Gesundheitswesen

   Sportmedizin:
Y 11 (Sport-Dok.)

   Virologie:
X 5 (Virology abstr.)

s.a. Ernährung
     Veterinärmedizin
     Pharmakologie

Meeresbiologie

s.a. Biologie
     Ozeanographie

X 10 (ASFA)

Metallurgie

s.a. Chemie
     Naturwissenschaften
     Technik

Z 6 (Metals abstr.)

Meteoriten

s.a. Astronomie
     Extraterrestrische
     Geologie

W 5 (Bull.sign.220)

Meteorologie

s.a. Geo-Wissenschaften
     Naturwissenschaften

Tafel W: 3.6.7.
X 10 (ASFA/2)

Mikrobiologie

s.a. Biologie
     Medizin

X 4 (Microb.abstr.)
Y 1 (NY.Acad.Med.)
Y 5 (EM)

   Medizinische M.:
   s.a. Medizin

Militärwesen

s.a. Geschichte
     Gesellschaftswiss.
     Technik

L 5 (Zeitgesch./Stuttgart)
L 6 (Jahresb./Stuttgart)
L 12 (Zeitgesch/München)

Mineralogie

s.a. Geo-Wissenschaften
     Naturwissenschaften

Tafel W: 1.4.5.

Missions-
wissenschaft

s.a. Kirchengeschichte
     Theologie

C 7 (Missionary Res.)
C 13 (Backer/Sommervogel)

Müll

s.a. Technik
     Umwelt

W 8 (Pollution abstr.)
X 4 (Microb.abstr./A)

Musik

s.a. Darstellende Kunst
     Geisteswissenschaften

Tafel K: 6-9.

s.a. Völkerkunde
     Volkskunde

Mykologie

s.a. Biologie

X 4 (Microb.abstr./C)

Naturschutz

s.a. Biologie
     Gesellschaftswiss.
     Landwirtschaft
     Umwelt

N 5 (US.Dpt.Interior)
X 1 (Biol.-Dok.)

Naturwissen-
schaften

   Gesamtgebiet, mehrere
   Teilgebiete:

Tafel T

   Fachgebiete:
Tafel U: Mathematik,
         Astronomie,
         Physik
Tafel V: Chemie
Tafel W: Geo-Wissenschaften
Tafel X: Bio-Wissenschaften
Tafel Y: Medizin,
         Veterinärmedizin,
         Pharmakologie
         Sport
Tafel Z: Technik

   Geschichte der
   Naturwissenschaften:
B 3 (Warburg)
T 4 (Crerar)
T 5 (Isis)
T 7 (SCI)

s.a. Registereinträge
     für einzelne
     Fachgebiete !

s.a. Informationswiss.
     Pseudowissenschaften

Niederländische
Philologie

s.a. Germanistik
     Literaturwissenschaft
     Sprachwissenschaft

G 1 (Germanistik)

Nordische
Philologie

s.a. Germanistik
     Literaturwissenschaft
     Sprachwissenschaft

G 1 (Germanistik)

Notendrucke

s.a. Musik

Tafel K: 6.7.

Ökologie

s.a. Bio-Wissenschaften
     Gesellschaftswiss.
     Umwelt

X 1 (Biol.-Dok.)
X 2 (BA)

Okzitanische
Philologie

s.a. Literaturwissenschaft
     Romanistik
     Sprachwissenschaft

H 1 (Roman. B.)

Orden (religiöse)

s.a. Kirchengeschichte
     Theologie

C 15 (Heimbucher)

Organisation

s.a. Gesellschaftswiss.

N 3 (Badenhoop)

Orient

s.a. Geisteswissenschaften
     Gesellschaftswiss.
     Orientalische
        Philologien
     Vorderer Orient

   Zeitgeschichte:
L 7 (Hoover)

Orientalische
Philologien

s.a. Geisteswissenschaften
     Literaturwissenschaft
     Sprachwissenschaft

C 11 (Elench.bibl.Bibl.)

s.a. Altertum
     Bibelwissenschaft
     Judentum
     Theologie
     Vorderer Orient

Ozeanographie

s.a. Geographie
     Geo-Wissenschaften
     Naturwissenschaften

Tafel W: 1.6.7.
X 10 (ASFA)
Z 1 (Ei)

Pädagogik

s.a. Geisteswissenschaften
     Gesellschaftswiss.

Tafel D: 6-15.
B 1 (Hocks/Schmidt)
E 5 (LLBA)
G 5 (Jber.dt.Lit.)
G 8 (IGB)
N 11 (SSCI)

s.a. Literaturwissenschaft

Paläontologie

s.a. Bio-Wissenschaften
     Geo-Wissenschaften

Tafel W: 1.2.4.
L 1 (Int.b.hist.sc.)
X 2 (BA)
X 3 (Zool.rec.)

Parapsychologie

s.a. Pseudowissenschaften
     Psychologie

D 2 (PA)
D 4 (Dambauer)

Patente

s.a. Naturwissenschaften
     Technik

U 8 (NSA)
U 9 (INIS)

V 3 (Chem.Zbl.)
V 4 (CA)
Z 13 (STAR)

   Patent-Nr-Reg.:
U 9 , V 3 , V 4

Pflanzen-
krankheiten

s.a. Biologie
     Landwirtschaft

X 4 (Microb.abstr./A)

Pharmakologie

s.a. Bio-Wissenschaften
     Chemie
     Naturwissenschaften
     Medizin

Tafel V: 1.3.4.
Tafel Y: 2.4-7.10.
X 2 (BA)
X 4 (Microb.abstr./A.B.)

Philologie

s. Altertum
    Geisteswissenschaften
    Literaturwissenschaft
    Sprachwissenschaft

s.a. Registereinträge
     für einzelne
     Sprachkreise !

Philosophie

s.a. Geisteswissenschaften

Tafel C: 1-4.
B 1 (Hocks/Schmidt)
B 3 (Warburg)
N 15 (Wolfstieg)
T 13 (Bull.sign.)

   16.-17.Jh.:
D 1 (Schüling)

Physik

s.a. Naturwissenschaften

Tafel U: 6-10.
Tafel Z: 1.4.6.9.

   Biophysik:
   s.a. Bio-Wissenschaften

   Grenzgebiet der
   Mathematik:
U 1 (Zbl.Math.)
U 2 (Math.reviews)

   Luft- u. Raumfahrt:
Z 12 (IAA)
Z 13 (STAR)

   physikalische Chemie:
   s.a. Chemie

Physiologie

s.a. Biologie
     Medizin
     Naturwissenschaften

V 8 (Nutrition abstr.)

Plasmaforschung

s.a. Naturwissenschaft
     Physik

U 10 (Sci.res.abstr./A)

Politik

s.a. Geisteswissenschaften
Gesellschaftswiss.

Tafel N: 1-3.8.9.11-14.
Tafel Q: 1-4.12-14.
B 1 (Hocks/Schmidt)

Sozialpolitik:
s.a. Gesellschaft

Wirtschaftspolitik:
s.a. Wirtschaft

s.a. Geschichte

Portugiesische Philologie

s.a. Literaturwissenschaft
Romanistik
Sprachwissenschaft

H 1 (Roman. B.)

Pseudowissenschaften

s.a. Geisteswissenschaften
Gesellschaftswiss.
Naturwissenschaften

s. Aberglaube
Alchemie
Astrologie
Freimaurer
Magie
Parapsychologie

Psychiatrie

s.a. Geisteswissenschaften
Gesellschaftswiss.
Medizin

Tafel Y: 5-7.
E 5 (LLBA)
T 7 (SCI)
T 11 (ISTP)

Geschichte der
Psychiatrie:
T 5 (Isis)

s.a. Psychoanalyse
Psychologie

Psychoanalyse

s.a. Psychiatrie

D 5 (Grinstein)
Y 2 (Surgeon Gen.Off.)
Y 4 (Ind.med.)

Psychologie

s.a. Geisteswissenschaften
Gesellschaftswiss.
Naturwissenschaften

Tafel D: 1-6.
B 2 (Peabody)
C 1 (Totok)
C 3 (Bull.sign.519)
E 5 (LLBA)
N 11 (SSCI)
T 7 (SCI)
T 9 (DAI/B)
T 11 (ISTP)
Y 2 (Surgeon Gen.Off.)
Y 4 (Ind.med.)

Geschichte der P.:
T 5 (Isis)

Tierpsychologie:
D 2 (PA)

s.a. Pädagogik
Philosophie
Psychiatrie
Psychoanalyse

Psychopathologie

s. Medizin

Quantenelektronik

s.a. Physik

U 10 (Sci.res.abstr./B)

Raumfahrt

s.a. Astronomie
Naturwissenschaften
Technik

U 5 (AJB)
Z 12 (IAA)
Z 13 (STAR)

Raumplanung

s. Regionalforschung

Recht

s.a. Geisteswissenschaften
Gesellschaftswiss.

Tafel N: 1.2.4 6.11-14.
Tafel P
Tafel Q: 5.6.9.
L 12 (Zeitgesch./München)

Abkürzungen:
P 15 (Kirchner)

Entscheidungen:
P 14 (NJW-Fundhefte)

Gesetze, Verordnungen:
Tafel P: 11-13.

Rechtsgeschichte:
L 1 (Int.b.hist.sc.)
P 8 (Planitz/Buyken)
s.a. Geschichte

Rechtsmedizin:
s.a. Medizin

Steuerrecht:
Q 9 (IBZ)

Lebensmittelrecht:
X 9 (FSTA)

s.a. Kirchenrecht

Reformation

s.a. Geisteswissenschaften
Geschichte
Theologie

B 4 (Folger)
L 9 (Schottenloher)

Regionalforschung

s.a. Geographie
Gesellschaftswiss.

R 5 (Dok.Raumentwickl.)
R 6 (Geo abstracts/F)

Religionswissenschaft

s.a. Altertum
Geisteswissenschaften
Gesellschaftswiss.

Tafel C: 5-9.
Tafel N: 7.9.15.
B 2 (Peabody)
B 3 (Warburg)

Religionsgeschichte:
L 1 (Int.b.hist.sc.)

s.a. Anthropologie
Philosophie
Theologie
Völkerkunde

Renaissance

s.a. Geisteswissenschaften
Geschichte
Gesellschaftswiss.
Kunst
Literaturwissenschaft

B 3 (Warburg)
B 4 (Folger)

Reports

s.a. Gesellschaftswiss.
Naturwissenschaften

A 8 (LISA)
D 11 (RIE)
T 6 (GRA/GRI)
U 8 (NSA)
U 9 (INIS)
V 4 (CA)
Z 4 (Forsch.TIB)
Z 9 (ERA)
Z 13 (STAR)

Report-Nr-Reg.:
T 6 , U 8 , U 9 ,
Z 9 , Z 13

Römisches Altertum

s.a. Altertum

Romanistik

s.a. Geisteswissenschaften
Literaturwissenschaft
Sprachwissenschaft

Tafel H

s.a. Registereinträge
für einzelne
Sprachkreise !

Rumänische Philologie

s.a. Literaturwissenschaft
Romanistik
Sprachwissenschaft

H 1 (Roman.B.)

Rundfunk

s.a. Darstellende Kunst
Gesellschaftswiss.
Literaturwissenschaft

K 13 (NYPL-Theatre Coll.)

Sardische Philologie

s.a. Literaturwissenschaft
Romanistik
Sprachwissenschaft

H 1 (Roman. B.)

Schiffahrt

s.a. Technik
Umwelt
Wirtschaft

W 6 (Oceanic abstr.)

Schulbücher

s.a. Pädagogik

D 6 (Teachers College)

Schulwesen

s. Pädagogik

Shakespeare

s.a. Geisteswissenschaften
Literaturwissenschaft
Theater

B 4 (Folger)

Slavische Philologie

s.a. Geisteswissenschaften
Literaturwissenschaft
Sprachwissenschaft

Sonnenenergie

s.a. Energie

Z 9 (ERA)

Sozialgeschichte

s. Gesellschaft

Sozialismus

s.a. Gesellschaftswiss.
Politik

Q 1 (Stammhammer)

Sozialmedizin

s. Medizin

Sozialpädagogik

s. Pädagogik

Sozialwesen

s. Gesellschaft

Sozialwissenschaften

s. Gesellschaftswissenschaften

Soziolinguistik

s.a. Geisteswissenschaften
Gesellschaftswiss.

E 5 (LLBA)

Soziologie

s.a. Gesellschaft
Gesellschaftswiss.

B 2 (Peabody)
B 5 (Geisteswiss.Fort.)

N 9 (Int.b.sociol.)
Q 15 (Sociol.abstr.)
T 13 (Bull.sign.)

Spanische Philologie

s.a. Literaturwissenschaft
Romanistik
Sprachwissenschaft

Tafel H: 1.14.

Sport

s.a. Gesellschaftswiss.
Medizin
Pädagogik

Y 11 (Sport-Dok.)

Sprachwissenschaft

s.a. Geisteswissenschaften
Gesellschaftswiss.

alle Sprachkreise,
vergleichende Sprachwiss.:
Tafel E: 1-8.
C 13 (Backer/Sommervogel)
N 10 (Anthrop.ind.)
T 13 (Bull.sign.)

einzelne Sprachkreise:
Tafel F: Klassische
Philologie
Tafel G: Germanistik
Tafel H: Romanistik

Eingeborenensprachen
Amerikas:
B 2 (Peabody)

s.a. Registereinträge
für einzelne
Sprachen !

Staat

s.a. Geisteswissenschaften
Gesellschaftswiss.

Tafel N: 3-6.9.
Tafel P: 1.10.16.
Tafel Q: 3.4.
B 1 (Hocks/Schmidt)

s.a. Geschichte
Politik
Recht

Stadtplanung

s.a. Gesellschaftswiss.

K 5 (Art index)

s.a. Regionalforschung

Statistik

s.a. Gesellschaftswiss.
Mathematik

N 8 (Population index)

Strahlengefahr

s.a. Physik
Medizin
Umwelt

W 8 (Pollution abstr.)

Supraleitfähigkeit

s.a. Physik

U 10 (Sci.res.abstr./A)

Technik

s.a. Naturwissenschaften
Wirtschaft

Tafel T
Tafel Z

Chemische Technologie:
V 4 (CA)
V 5 (Römpp)

Geschichte der Technik:
T 4 (Crerar)
T 5 (Isis)
T 7 (SCI)

s.a. Kernphysik

s.a. Kerntechnik

s.a. Kybernetik

s.a. Landwirtschaft

Lebensmitteltechnologie:
X 9 (FSTA)

Meeres-Technologie:
X 10 (ASFA)

s.a. Abwasser
Energie
Erdgas
Erdöl
Kohle
Lärm
Laser
Müll
Patente
Reports
Umwelt

Telekommunikation

s.a. Technik

Z 7 (EEA)
Z 12 (IAA)
Z 13 (STAR)

s.a. Fernerkundung

Theater

s.a. Bildende Kunst
Darstellende Kunst
Geisteswissenschaften
Literaturwissenschaft
Musik

Tafel K: 10.11.13.14.
B 4 (Folger)

Theatergeschichte:
G 1 (Germanistik)
G 5 (Jber.dt.Lit.)

Theologie

s.a. Geisteswissenschaften

Tafel C: 1.10-13.
N 15 (Wolfstieg)

Mittelalter:
C 1 (Totok)

s.a. Bibelwissenschaft
Religionswissenschaft

Umwelt

s.a. Gesellschaftswiss.
Naturwissenschaften

R 5 (Dok.Raumentw.)
R 6 (Geo abstr./F)
U 6 (Phys.abstr.)
U 8 (NSA)

Register aller Verfasser,
personalen Beteiligten,
anonymen Sachtitel, Zitiertitel und Korporationen, die
in Sachtiteln genannt sind
oder zu unspezifischen Sachtiteln zu ergänzen sind.

Bulletin signalétique. T 13
-Reihe 101: Information
scientifique et technique.
A 13
-Reihe 220: Minéralogie,
géochimie, géologie extra-
terrestre. W 5
-Reihe 519: Philosophie.
C 3

Bundesgesetzblatt: Fundstellennachweis. P 12

Busch: Bibliographie zum Biblio-
theks- u. Büchereiwesen. A 3

Business periodicals index. Q 8

Buyken: Bibliographie zur deutschen Rechtsgeschichte. P 8

CA. - Chemical abstracts. V 4

Cabeen: Critical bibliography
of French literature. H 7

Cambridge bibliography of
English literature. G 10

CASSI. - CA Service source
index. V 4

Catalog of international law
and relations. P 5

Catalog of the printed books
of the Folger Shakespeare
Library. B 4

Catalog(ue) of scientific
papers. T 2

Catalog(ue) of the Library of
the Peabody Museum of Archaeo-
logy and Ethnology. B 2

Catalog of the U.S. Geological
Survey Library. W 1

Catalog of the Warburg Institute
Library. B 3

Catalogus dissertationum philologicarum classicarum. F 7

CBEL. - Cambridge bibliography
of English literature. G 10

CCA. - Computer and control
abstracts. Z 8

Chemical abstracts. V 4

Chemical industry notes. V 4

Chemisches Zentralblatt. V 3

CIN. - Chemical industry notes.
V 4

Cioranescu: Bibliographie de la
littérature française. H 3

Columbia Lippincott gazetteer
of the World. R 14

Columbia University Law Library.
Dictionary catalog. P 2

Computer and control abstracts.
Z 8

Conference papers index. T 10

Current catalog. National
Library of Medicine. Y 3

Current geographical publications. R 2

Current programs. T 10

Cybernetics abstracts. U 3

Dahlmann / Waitz: Quellenkunde der deutschen
Geschichte. L 10

DAI. - Dissertation abstracts.
-A: Humanities and social
sciences. B 8
-B: Sciences and engineering.
T 9

DAI/Rom. Kataloge der Bibliothek des Deutschen Archäologischen Instituts Rom. F 10

Dambauer: Bibliographie der
deutschsprachigen psycholo-
gischen Literatur. D 4

Dau: Bibliographie juristischer Festschriften und
Festschriftenbeiträge. P 4

Deutsche Forschungsberichte.
Z 4

Deutsche Musikbibliographie.
K 6

Deutsches Archäologisches
Institut, Rom. Kataloge.
F 10

Dictionary catalog of the
Columbia University Law
Library. P 2

Dictionary catalog of the
history of printing. A 4

Dictionary catalog of the
Library of the School of
Library Service. A 5

Dictionary catalog of the
Missionary Research Library.
C 7

Dictionary catalog of the
National Agricultural
Library. X 7

Dictionary catalog of the
Teachers College Library.
D 6

Dissertation abstracts international s. DAI.

Dizionario critico della
letteratura italiana. H 13

Documentatio geographica.
R 4

Documentation abstracts.
A 11

Dokumentation zur Raumentwicklung. R 5

Dreher: Bibliographie de la
littérature française,
1930-39. H 4

Drevet: Bibliographie de la
littérature française,
1940-49. H 4

Eberlein: Die Presse der
Arbeiterklasse u. der sozia-
len Bewegungen. Q 13

Economic titles/abstracts.
Q 11

Education index. D 7

EEA. - Electrical and electronics abstracts. Z 7

Ei. - Engineering index. Z 1

Electrical and electronics
abstracts. Z 7

Elenchus bibliographicus.
(Ephemerides theologicae
Lovanienses.) C 12

Elenchus bibliographicus
Biblicus. C 11

EM. - Excerpta medica. Y 5

Enciclopedia dell'arte antica.
F 13

Enciclopedia delle religioni.
C 8

Enciclopedia dello spettacolo.
K 11

Energy research abstracts.
Z 9

Engelmann / Preuß: Bibliotheca
scriptorum classicorum. F 1

Engineering index. Z 1

Ephemerides theologicae Lovanienses. Elenchus bibliographicus. C 12

Eppelsheimer: Bibliographie der
deutschen Sprach- u. Literaturwissenschaft. G 6

Eppelsheimer: Handbuch der
Weltliteratur. E 10

ERA. - Energy research
abstracts. Z 9

Erziehungswissenschaftliche
Dokumentation. D 8

Excerpta medica. Y 5

Fachbibliographischer Dienst
Bibliothekswesen. A 10

Fachliteratur zum Buch- u.
Bibliothekswesen. A 6

Fachwörterbücher und Lexika.
E 8

FD. - Fachbibliographischer
Dienst Bibliothekswesen.
A 10

Film literature index. K 15

Filmlexicon degli autori e
delle opere. K 12

Fock: Catalogus dissertationum philologicarum classicarum. F 7

Folger Shakespeare Library:
Catalog. B 4

Food science and technology
abstracts. X 9

Forschungsberichte aus Technik
und Naturwissenschaften.
Z 4

(Die) Frauenfrage in Deutschland. N 12

French VII/XX bibliography. H 6

Friedrich, W.J.: Das Recht der Gegenwart. P 13

Friedrich, W.P.: Bibliography of comparative literature. E 9

FSTA. - Food science and technology abstracts. X 9

Fuchs: Repertorium der chemischen Litteratur von 494 vor Christi Geburt bis 1806. V 1

Fundstellen der Bundesgesetzgebung. P 12

Geisteswissenschaftliche Fortschrittsberichte. B 5

Genetic abstracts. X 6

Geo abstracts. R 6. W 3

Geo Katalog. R 11

Germanistik. G 1

Geus: Indices naturwissenschaftlich-medizinischer Periodika bis 1850. T 1

Gipper / Schwarz: Bibliographisches Handbuch zur Sprachinhaltsforschung. E 3

Gmelin: Handbuch der anorganischen Chemie. V 6

Goedeke: Grundriß zur Geschichte der deutschen Dichtung. G 2

GRA / GRI . - Government reports. Announcements and index. T 6. Z 2

Graesse: Orbis Latinus. R 13

Grinstein: The index of psychoanalytic writings. D 5

Großes deutsches Ortsbuch. R 15

Hall: Bibliografia della linguistica italiana. H 11

Handbuch der Weltliteratur. E 10

Heimbucher: Die Orden und Kongregationen der katholischen Kirche. C 15

Herre / Auerbach: Bibliographie zur Zeitgeschichte und zum 2.Weltkrieg. L 8

Heydt: Bibliographie der württembergischen Geschichte. L 16

Historical abstracts. L 4

Hoche: Das Recht der Neuzeit. P 11

Hocks / Schmidt: Index zu deutschen Zeitschriften der Jahre 1773-1830. B 1

Hofmeister: Handbuch der musikalischen Literatur. K 6

Hofmeisters Jahresverzeichnis. K 6

Hoover Institution on War, Revolution, and Peace. L 7

Houzeau / Lancaster: Bibliographie générale de l'astronomie jusqu'en 1880. U 4

Humanities index. B 7

IAA. - International aerospace abstracts. Z 12

IBHR. - International bibliography of the history of religions. C 9

IBiBuBi. - Internationale Bibliographie des Buch- u. Bibliothekswesens. A 1

IBZ. - Internationaler betriebswirtschaftlicher Zeitschriftenreport. Q 9

IGB. - Internationale germanistische Bibliographie. G 8

IMB. - International medieval bibliography. L 3

Index medicus. Y 4

Index to foreign legal periodicals. P 7

Index to legal periodicals. P 16

Index to maps in books und periodicals. R 9

Index to scientific and technical proceedings. T 11

Index to social sciences and humanities proceedings. B 11

Index veterinarius. Y 9

Index zu deutschen Zeitschriften der Jahre 1773-1830. B 1

Index-catalogue of the Library of the Surgeon General's Office. Y 2

Indices naturwissenschaftlich-medizinischer Periodika bis 1850. T 1

Information science abstracts. A 11

Information scientifique et technique. A 13

Informationsdienst Bibliothekswesen. A 14

INIS-Atomindex. U 9. Z 11

Institut für Weltwirtschaft. Kataloge. N 2

Institut für Zeitgeschichte. Kataloge. L 12

Interdok. SEMT: Science, engineering, medicine, technology. T 8
-SSH: Social sciences, humanities. B 9

Internationaal Instituut voor Sociale Geschiedenis. Alfabetische catalogus. Q 14

International aerospace abstracts. Z 12

International bibliography of books and articles on the modern languages and literatures. E 1

International bibliography of economics. N 9

International bibliography of historical sciences. L 1

International bibliography of political sciences. N 9

International bibliography of social and cultural anthropology. N 9

International bibliography of sociology. N 9

International bibliography of the history of religions. C 9

International bibliography of the social sciences. N 9

International catalogue of scientific literature. T 2

International folklore and folklife bibliography. N 7

International labour documentation. Q 7

International medieval bibliography. L 3

International pharmaceutical abstracts. Y 10

International political science abstracts. Q 3

Internationale Bibliographie des Buch- u. Bibliothekswesens. A 1

Internationale germanistische Bibliographie. G 8

Internationale Jugendbibliothek. Kataloge. D 13

Internationale volkskundliche Bibliographie. N 7

Internationaler betriebswirtschaftlicher Zeitschriftenreport. Q 9

IPA. - International pharmaceutical abstracts. Y 10

ISA. - Information science abstracts. A 11

Isis. - Isis cumulative bibliography. T 5

ISSHP. - Index to social sciences and humanities proceedings. B 11

ISTP. - Index to scientific and technical proceedings. T 11

Totok: Handbuch der Geschichte
der Philosophie. C 1

Union Theological Seminary.
Kataloge. C 6

U.S. Department of Health,
Education, and Welfare.
Kataloge. N 4

U.S. Department of Labor. Library catalog. Q 5

U.S. Department of the Interior.
Dictionary catalog of the Department Library. N 5

U.S. Geological Survey Library.
Catalog. W 1

U.S. Government. Research and
development reports. T 6

USGRDR T 6

Virology abstracts. X 5

Volkskundliche Bibliographie.
N 7

Vollmer, H.
s. Thieme/Becker/Vollmer.

Vorstius: Die Erforschung des
Buch- u. Bibliothekswesens
in Deutschland, 1933-45.
A 2

Waitz: Quellenkunde zur deutschen Geschichte. L 10

Warburg Institute Library.
Catalog. B 3

Wellek: Gesamtverzeichnis der
deutschsprachigen psycholo-
gischen Literatur, 1942-60.
D 3
Wermke: Bibliographie der Geschichte von Ost- u. Westpreußen. L 14

Whistlings Handbuch der musikalischen Literatur. K 6

Wilpert: Lexikon der Weltliteratur. E 12

Wissowa: Realencyclopädie der
classischen Altertumswissenschaft. F 11

Wolfstieg: Bibliographie der
freimaurerischen Literatur.
N 15

(The) year's work in modern
language studies. E 2

Zahn-Harnack: Die Frauenfrage
in Deutschland. N 12

Zaunmüller: Bibliographisches
Handbuch der Sprachwörterbücher. E 7

Zeitgesch./München. L 12

Zeitgesch./Stuttgart L 5

Zentralblatt für Geologie
und Paläontologie. W 2

Zentralblatt für Mathematik
und ihre Grenzgebiete.
U 1

Zentralblattsystem des
Springer-Verlages (Medizin)
Y 6

ZGP. - Zentralblatt für
Geologie und Paläontologie.
W 2

Ziegenfuß / Jung: Philoso-
phen-Lexikon. C 2

Zitatenschatz der Weltliteratur. E 13

Zoological record. X 3

Zoozmann: Zitatenschatz der
Weltliteratur. E 13

ELEMENTE DES BUCH- UND BIBLIOTHEKSWESENS

Herausgegeben von Fridolin Dressler und Gerhard Liebers

Band 1: Ladislaus Buzás

Deutsche Bibliotheksgeschichte des Mittelalters

1975. 8°. 200 Seiten und 1 Tafel, kartoniert DM 28,80, gebunden DM 42,–

Band 2: Ladislaus Buzás

Deutsche Bibliotheksgeschichte der Neuzeit (1500–1800)

1976. 8°. 212 Seiten und 1 Tafel, kartoniert DM 32,–, gebunden DM 46,–

Band 3: Ladislaus Buzás

Deutsche Bibliotheksgeschichte der Neuesten Zeit (1800–1945)

1978. 8°. VI, 215 Seiten und 1 Tafel, kartoniert DM 34,–, gebunden DM 48,–

Band 4: Peter Schweigler

Einrichtung und technische Ausstattung von Bibliotheken

1977. 8°. 340 Seiten mit 208 Abbildungen, gebunden DM 68,–

Band 5: Ferdinand Geldner

Inkunabelkunde

Eine Einführung in die Welt des frühesten Buchdrucks
1978. 8°. XII, 287 Seiten mit 8 Abbildungen und 20 Tafeln, gebunden DM 64,–

Band 6: Alfred Gerard Świerk

Zur sozialistischen Theorie und Praxis
des Buchwesens in Osteuropa

1981. 8°. XII, 264 Seiten , gebunden DM 76,–

Band 7:

Die Bibliotheken Österreichs in Vergangenheit und Gegenwart

Franz Unterkircher: Die älteren Bibliotheken. Rudolf Fiedler: Die Bibliotheken vom
19. Jahrhundert bis zur Gegenwart. Michael Stickler: Die Volksbüchereibewegung.
1980. 8°. XIV, 209 Seiten und 1 Tafel, gebunden DM 70,–

Band 8: Hildebert Kirchner

Bibliotheks- und Dokumentationsrecht

1981. 8°. VIII, 412 Seiten , gebunden DM 130,–

Band 9:

Die Bibliotheken der Nordischen Länder
in Vergangenheit und Gegenwart

Herausgegeben von Christian Callmer und Torben Nielsen
1983. 8°. XII, 298 Seiten mit 33 Tafeln, gebunden DM 94,–

Weitere Bände in Vorbereitung

DR. LUDWIG REICHERT · WIESBADEN · TAUERNSTRASSE 11

Für den Freund alter Handschriften

Peter Jörg Becker **Handschriften und Frühdrucke mittelhochdeutscher Epen**
1977. 8°. 283 Seiten, broschiert DM 98,–

Ladislaus Buzaś **Deutsche Bibliotheksgeschichte des Mittelalters**
1975. 8°. 200 Seiten, kartoniert DM 28,80; gebunden DM 42,–

Scriptorum opus · Schreibermönche am Werk
1971. 4°. 32 Seiten, flexibles Leinen DM 38,–
Blatt aus der Bamberger Handschrift Msc. Patr. 5 mit Darstellung der Entstehung eines Buches in
einer mittelalterlichen Schreiberwerkstatt – in Originalgröße und vollfarbig.

Der Bamberger Psalter
Faksimile des Codex Msc. Bibl. 48 der Staatsbibliothek Bamberg
1973. 122 Seiten Text und 16 Tafeln, davon 2 farbig, sowie 66 Faksimile-Tafeln,
davon 26 farbige Reproduktionen, Format 20×28 cm, Halbpergament DM 750,–
Eine der berühmtesten Handschriften des beginnenden 13. Jahrhunderts,
die in zahlreichen Ausstellungen des In- und Auslandes gezeigt worden ist.

Cimelia Heidelbergensia
30 illuminierte Handschriften der Universitätsbibliothek Heidelberg
1975. 4°. 104 Seiten mit 40 Tafeln, davon 16 farbig,
Leinen mit farbigem Schutzumschlag, Preisempfehlung DM 120,–
Die schönsten Seiten ausgewählter Codices,
die zum Teil bisher außerhalb Heidelbergs kaum bekannt waren.

Cimelia Monacensia
Wertvolle Handschriften und frühe Drucke der Bayerischen Staatsbibliothek München
1970. 4°. 112 Seiten mit 24 Tafeln, davon 12 farbig.
Leinen mit farbigem Schutzumschlag DM 64,–
Die wichtigsten Stücke aus der Schatzkammer einer der an alten Handschriften reichsten
Bibliotheken der Welt, in erstklassigen Farbreproduktionen, sämtlich in Originalgröße.

Das Rolandslied des Pfaffen Konrad
Vollfaksimile des Cpg 112 der Universitätsbibliothek Heidelberg
Faksimile: 246 Seiten. Einführung: 145 Seiten mit 1 Tafel und 5 Textabbildungen.
Format 15,7×21,7 cm. 2 Bände in Kassette. Halbleder DM 590,–

Die Kleine Heidelberger Liederhandschrift
Vollfaksimile des Cpg 357 der Universitätsbibliothek Heidelberg
Faksimile: 90 Seiten. Format 13,5×18,5 cm. Einführung: 200 Seiten.
Halbleder, 2 Bände in Kassette DM 580,–. Einführung separat kart. DM 40,–

Mittelhochdeutsche Spruchdichtung · Früher Meistersang
Vollfaksimile des Cpg 350 der Universitätsbibliothek Heidelberg
Faksimile: 136 Seiten. Einführung und Kommentar: 152 Seiten.
Transkription: 200 Seiten. Format 16×24,8 cm. 3 Bände in 2 Kassetten. Halbleder DM 880,–
Separat erhältlich: Einführung kart. DM 40,–, Transkription kart. DM 48,–

Die Lieder Reinmars und Walthers von der Vogelweide
in der Würzburger Handschrift
Faksimile aus 2° Cod. Ms. 731 der Universitätsbibliothek München
25 Seiten Einführung und 50 farbige Faksimiletafeln.
Format: 28×36,5 cm. Ganzleinen DM 346,–

Zimelien
Abendländische Handschriften des Mittelalters aus den Sammlungen der Stiftung
Preußischer Kulturbesitz, Berlin.
Katalog der Ausstellung 13. 12. 1975 – 1. 2. 1976
1975. 8°. XV, 306 Seiten mit 110 Tafeln. Kartoniert. Preisempfehlung DM 36,–

DR. LUDWIG REICHERT · WIESBADEN · TAUERNSTRASSE 11